Denken · Träumen Weiterdenken

Philosophieren
Klassen 7/8

Herausgegeben von
Barbara Brüning

Militzke Verlag

Autoren:
Barbara Brüning (Kap. 1.3, 3.3), Kristina Calvert (Kap. 3.1, 3.4), Beatrix Gotthold (Kap. 1.4, 2.1), Christine Knipping (Kap. 4.1, 4.2), Jürgen Michaelsen (Kap. 1.2, 3.2), Silke Pfeiffer (Kap. 2.3, 2.4), Renate Prange (Kap. 1.1, 2.2)

Lektorat:
Siegfried Kätzel, Monika Werner

Bildnachweis:
AKG, Berlin: S. 38 (1) 51, 61 (1), 63 (1), 71, 77 (1), 111 (2), 113, 125 (1), 136, 138, 139, 150, 155; AP, Frankfurt a. M.: S. 125 (1); Ausserhofer, David, Berlin: S. 26, 89, 100; Bauer, Wolfgang, Berlin: S. 175; Benedict Taschen Verlag, Köln: S. 8; Brüning, Barbara, Hamburg: S. 7, 14 (1), 40, 41; Bundesbildstelle, Bonn: S. 173; Bundeszentrale für politische Bildung, Bonn: S. 43; Corall, Brigitte, München: S. 14 (1); dpa, Frankfurt a. M.: S. 14 (3), 42, 72, 82, 86, 114 (3), 126 (2), 133, 151, 180; Deutsche Bibliothek, Leipzig: S. 111; DTP-Systemstudio, Leipzig: US 1, S. 3; Foto Wolf, München: S. 30, 37; Heinz, Volkmar, Leipzig: S. 74 (1); Helga Lade, Berlin: S. 14 (1), 81; Heller, Gritt, Leipzig: S. 17, 108; Interfoto, München: S. 68; Keller, Helen, Berlin: S. 52; Knipping, Christiane, Berlin: S. 161; Mauritius, Berlin: S. 14 (2), 87 (2), 182 (1); Michaelsen, Jürgen, Wismar: S. 127; Peter, Andreas, Leipzig: S. 79; Picture International, München: S. 146 (1); Picture Point, Leipzig: S. 114; Reinartz, Dirk, Buxtehude: S. 61 (1), 69; Seifert, Michael, Hannover: S. 74, 79; Wall, Jeff, Zürich: S. 7, 21; ZEFA, Leipzig/Düsseldorf: S. 14 (1), 91, 106; 56. Grundschule, Leipzig: S. 104; alle übrigen Abbildungen: Militzke Verlag, Archiv.

Trotz größter Sorgfalt ist es uns nicht in allen Fällen gelungen, zu den Abbildungen den Rechteinhaber zu ermitteln. Berechtigte Ansprüche werden selbstverständlich über die üblichen Vereinbarungen abgegolten.

Dieses Lehrbuch folgt der reformierten Rechtschreibung und Zeichensetzung.
Quellentexte mit einem * sind aus urheberrechtlichen Gründen ausgenommen.

Dieses Schulbuch wurde auf chlorfrei gebleichtem Papier mit einem Altpapieranteil von 100 % gedruckt. Die Bindung erfolgte mit lösemittelfreiem Leim. Gedruckt wurde mit Farben und Reinigungsmitteln auf pflanzlicher Basis.

Satz, Gestaltung und Zeichnungen: Dietmar Senf
Druck und Bindung: Grafisches Centrum Cuno, Calbe
ISBN 3-86189-**164-6**

Die letzte Jahreszahl bezeichnet das Erscheinungsjahr dieser Auflage:
2004 2003 2002 2001

Inhaltsverzeichnis

1. Was kann ich wissen?

Woher weiß ich, dass ich träume?

Warum bin ich ich und niemand anderes?

Könnte es mich auch zweimal geben?

Kann ich auch ohne Sprache denken?

Warum vergesse ich manche Dinge und manche nicht?

Warum soll ich mich an bestimmte Dinge erinnern?

? ? ? ? ?

A *Sucht euch eine Frage aus und versucht sie weiterzudenken, indem ihr verschiedene Zusatzfragen stellt.*

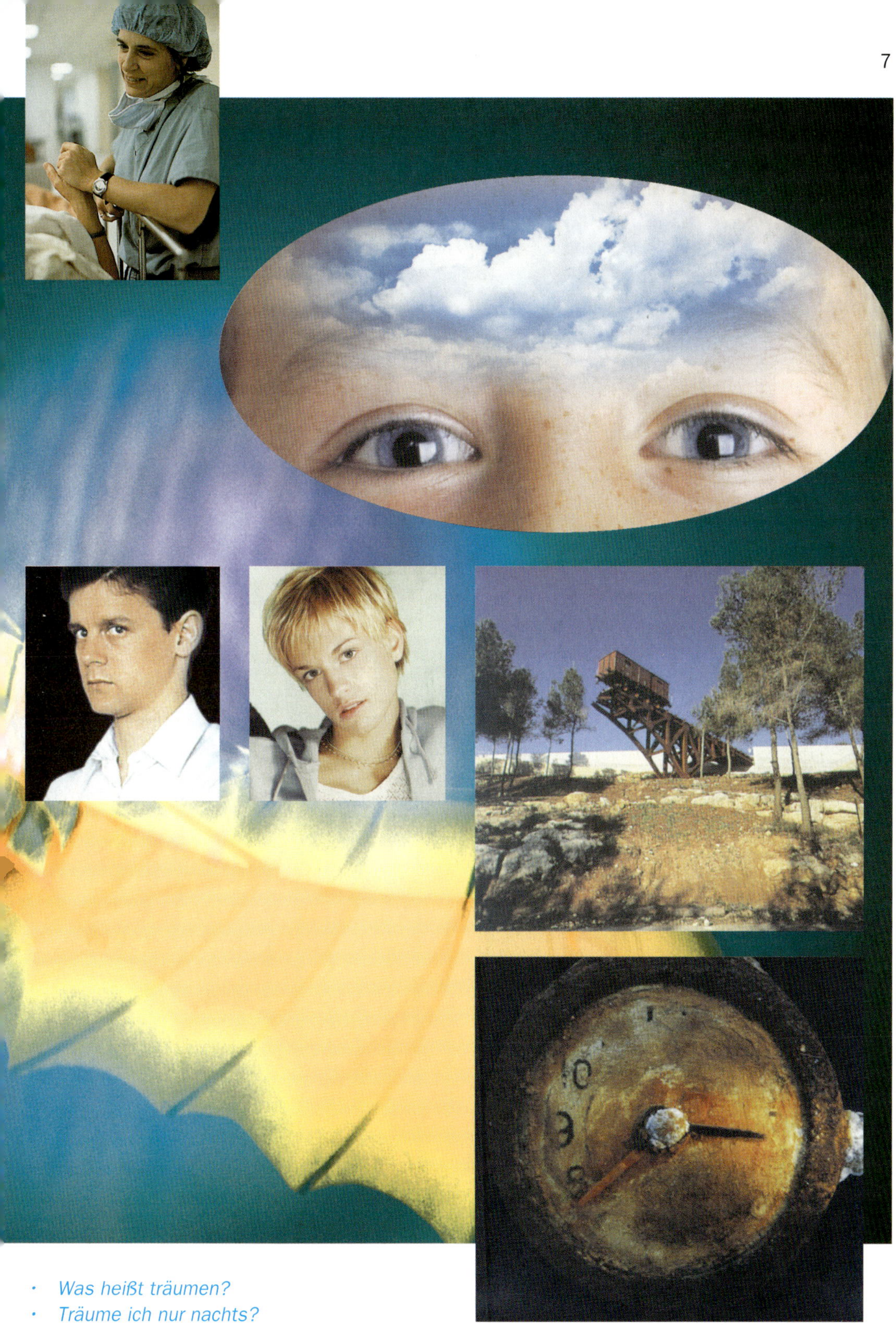

- *Was heißt träumen?*
- *Träume ich nur nachts?*
- *Träumen alle Menschen?*

1.1 Wozu brauchen Menschen Träume?

Von blauen Geigern und weißen Wolken

Marc Chagall (1887–1985), Der blaue Geiger

A

Was hat der blaue Geiger mit Träumen zu tun?
Was versteht ihr unter Träumen?
Brauchen wir Träume?
Was haltet ihr von Wunschträumen?
Lassen sich Träume verwirklichen? Wann? Wann nicht?
Welcher Unterschied besteht zwischen träumen und denken?

Wenn ich träume ...

Q Wenn ich träume ...
Denke ich über die vielen Geheimnisse
der Natur nach.
Ich sehe mir die Wolken an und überlege,
welche Gestalt sie wohl als Nächstes einnehmen werden.

Wenn ich träume ...
Denke ich an die vielen schönen Dinge
in unserem Leben.
Ich sehe mir die Menschen an, die Hand in Hand
spazieren gehen, und überlege mir, wie schön es doch ist,
dass es Menschen gibt, die sich lieben.

Wenn ich träume ...
Denke ich auch daran, dass nicht immer alles so ist,
wie ich es gerne hätte.
Plötzlich sind keine weißen Wolken mehr da,
ich sehe nur grauen Rauch.
Ich sehe auch keine Menschen mehr, die sich lieben.
Ich sehe nur noch Kinder,
die mit Spielzeuggewehren ein Spiel spielen,
das mir nicht gefällt.

Wenn ich träume ...
denke ich daran, wie schön es doch ist,
träumen zu können
und sich damit eine Welt zu schaffen,
die einem selbst gefällt,
eine Welt, in der man leben kann.
Ohne das Träumen wäre das nicht möglich.

(Mervi Esser, Schriftstellerin)

A *Wie stellt ihr euch die Welt vor, in der ihr gerne leben möchtet?
Gestaltet dazu ein Bild, einen Comic oder eine Collage.*

Träume sind Schäume?

Auf einem Turm stehen

Q Es gibt Tage, da wache ich morgens auf und bin fröhlich. Warum, weiß ich nicht. Es kommt mir oft so vor, als hätte ich die ganze Nacht gelacht. Oft kann ich mich nicht erinnern, was ich geträumt habe. Manchmal sind es wunderbare, lustige, märchenhafte Träume. Überhaupt geht es in Träumen so zu wie im Märchen.
Sind Träume bunt? Haben sie Farben, solche, wie ich sie normal sehe, oder sind es ganz andere Farben? Vielleicht sind sie nur schwarzweiß wie Zeitungsbilder?
Rede ich, wenn ich träume, lache ich? Weine ich richtig? Einmal bin ich aufgewacht, mitten in der Nacht, und meine Augen waren nass.
Wo war ich? Ich war in einem wüsten, einsamen Ort und mir sind furchtbare Sachen geschehen. Welche, wusste ich nicht, es war eben so. Da waren Leute. Eine riesige Menge, und sie rannten hinter mir her, und ich lief wie in Sirup, kriegte die Füße nicht hoch und hörte sie schreien ... Ich hoffte im Traum, ich weiß das noch genau, ich hoffte, dass es ein Traum wäre. Nur ein Traum! Aber es war schreckliche Wirklichkeit: Ich fiel und fiel in diesen Sirupweg und weinte und schrie ...
Da wachte ich auf. Langsam wurde ich unvorstellbar glücklich – es war doch nur ein Traum! Nichts davon war geschehen. Nichts war wirklich. Mein Kopfkissen kam mir weicher als sonst vor, meine Decke wärmer. Ich war geborgen und in Sicherheit.
Am allerliebsten mag ich Träume, in denen ich ... Also, es fängt meistens so an, dass ich auf einem Turm stehe oder Dach, hoch über allem. Ich weiß, ich werde sofort runterfallen. Davor habe ich Angst und zittere. Aber von einem Moment auf den anderen bin ich ganz sicher, dass mir nichts passieren wird: Ich kann doch fliegen! Ich lasse mich einfach fallen und fliege. Sehe die Straßen unter mir, die Häuserdächer. Fliege über Wälder und große Wasserflächen, so leicht und sicher wie ein Vogel.
Solche Träume müssten Wirklichkeit sein. Warum kann ich im Traum etwas, was ich sonst nicht kann?

(Susanne Kilian, Schriftstellerin)

A *Wie würdet ihr die letzte Frage beantworten?*
Über welche Fragen aus dem Text müsstet ihr noch länger nachdenken?
Versucht das Wort Traum mit Hilfe anderer Wörter zu charakterisieren. Erstellt ein Begriffsbild.

Ein Alptraum

Was versteht ihr unter einem Alptraum?

Francisco Goya (1746–1828),
„Wenn die Vernunft träumt, schafft sie Ungeheuer“

Meine Stadt

Meine Stadt hat hundert Türme, Brücken, Bogen, Treppen, Gänge.
Meine Stadt ist lichtdurchwoben, schattendunkel, weite und enge Gassen führen hin zu Plätzen,
Bäume wiegen sich im Wind. Brunnen plätschern, Leute lachen, eine Mutter ruft ihr Kind.
Meine Stadt hat viele Tiere: Pferde, Esel, Hunde, Katzen. Mäuse piepsen nachts auf den Höfen und
tags lärmen dort die Spatzen. Auf dem Marktplatz stehen Buden, bunt mit Äpfeln, Birnen, Trauben.
Meine Stadt ist geheimnisvoll. Sie hat Winkel, Ecken, Speicher, Dächer.
Sie hat Mauern, Gärten und eine Zahnradbahn hat sie auch.
Die führt hinauf zum Gipfel, zum Schloss und in den blauen Himmel.
Von dort fliege ich, wohin ich will ...

(Sophie Brandes, Schriftstellerin)

Wohin würdet ihr gern fliegen? Malt ein Bild dazu.

Träum' ich oder wach' ich?

Papa, wie können wir wissen, ob nicht alles, was wir erleben, ein Traum ist?

(Olaf, 6 Jahre alt)

Schmetterlingstraum

Q Einst träumte Dschuang Dschou, dass er ein Schmetterling sei, ein flatternder Schmetterling, der sich wohl und glücklich fühlte und nichts wusste von Dschuang Dschou.
Plötzlich wachte er auf: Da war er wieder wirklich und wahrhaftig Dschuang Dschou.
Nun weiß ich nicht, ob Dschuang Dschou geträumt hat, dass er ein Schmetterling sei oder ob der Schmetterling geträumt hat, dass er Dschuang Dschou sei, obwohl doch zwischen Dschuang Dschou und dem Schmetterling sicher ein Unterschied ist.
So ist es mit der Wandlung der Dinge.

(Tschuang-tse, chinesischer Philosoph)

A *Kann man Träumen und Wachen unterscheiden? Notiert Stichpunkte dazu in euer Heft und führt anschließend ein Streitgespräch darüber.*
Versucht Dschuang Dschou eine Antwort zu geben.

Traum oder Wirklichkeit?

Als ob nicht ein Mensch wäre, der des Nachts zu schlafen pflegt und dem dann genau dieselben, ja bisweilen noch weniger wahrscheinliche Dinge im Traum begegnen wie jenem (dem Wahnsinnigen) im Wachen! Wie oft kommt es doch vor, dass ich alle jenen gewöhnlichen Begebnisse, wie dass ich hier bin, dass ich mit meinem Rocke bekleidet am Kamin sitze, mir während der Nachtruhe einbilde, während ich doch entkleidet im Bett liege! –

Aber jetzt schau ich doch sicher mit wachen Augen auf dieses Papier, dies Haupt, das ich hin und her bewege, ist doch nicht im Schlaf, mit Vorbedacht und Bewusstsein strecke ich meine Hand aus und fühle das! Im Schlafe würde mir das doch nicht so deutlich entgegentreten! Als wenn ich mich nicht entsänne, dass ich auch sonst durch ähnliche Gedankengänge im Traume irregeführt worden bin!

Denke ich einmal aufmerksamer hierüber nach, so sehe ich ganz klar, dass niemals Wachen und Traum nach sicheren Kennzeichen unterschieden werden können – so dass ich ganz betroffen bin und diese Betroffenheit mich beinahe in der Meinung bestärkt, dass ich träume.

(René Descartes, französischer Philosoph)

Gibt es wirklich keine Lösung für dieses Problem?

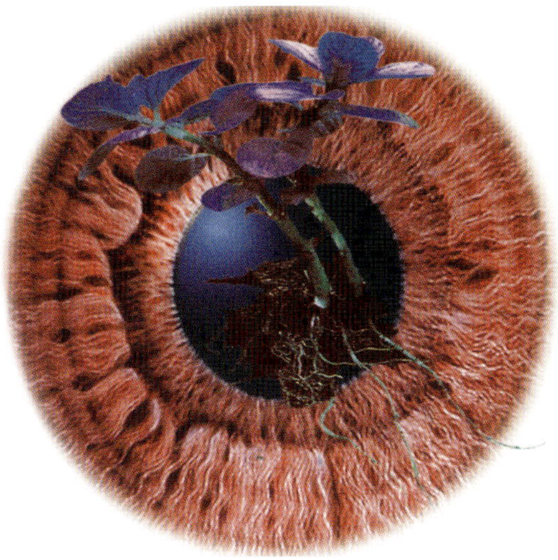

Was wäre, wenn ...

Was wäre, wenn du schliefest?
Und was wäre, wenn du in deinem Schlaf träumtest?
Und was wäre, wenn du in deinem Traum in den Himmel flögest
und dort eine seltsame und wunderschöne Blume pflücktest?
Und was wäre, wenn du aufwachtest und die Blume in deiner Hand hieltest?
Oh, was wäre dann?

(Samuel Taylor Coleridge, englischer Psychologe)

Schreibe einige Gedanken dazu auf.

Wunschträumen

Ich wünschte, ich wäre ...

Als wir Kinder waren, gab es ein Spiel, das nur in der Fantasie gespielt wurde: wenn ich ein König wär ...
Wenn ich König wär, würde ich nur Wohnungen mit Badezimmer erlauben. (Wir hatten kein Bad.)
Wenn ich König wär, würde ich Giselas Papa aus Russland holen. (Das hatte selbst Adenauer nicht mehr geschafft.)
Wenn ich König wär, würde ich Frollein Kießling in den tiefsten Keller sperren und da müsste sie dann das ganze Erdkundebuch Wort für Wort auswendig lernen. (Frollein Kießling ist die verhasste Lehrerin.)
Damals war die Republik noch jung, einen König kannten wir nur aus den Märchenbüchern oder aus den Erzählungen der Großeltern, aber da war es gleich ein Kaiser, und der hatte auch nicht die Macht, von der wir Kinder uns ein bisschen wünschten.
Wenn ich König wär ... Damals trösteten solche Träume noch. Später bekamen sie dann einen bitteren Geschmack: Wenn ich Brigitte Bardot wäre oder wenigstens Audrey Hepburn, dann würde mich Jürgen S. nicht so schnöde behandeln!
Wenn ich schön, reich und berühmt wäre, ha, dann würde ich es diesem miesen Knaben schon zeigen ... (Was denn? Wie verachtungswürdig sie sind? Ich war doch bloß so verliebt in Jürgen S., aber was nützte mir das, wenn sein Herz bei meinem Anblick niemals klopft.)
Wenn ich jetzt tot wäre, ja dann ... Dann würden sie alle an meinem Sarg herumstehen, ich würde wunderschön aussehen und sie würden heulen und sich Vorwürfe machen:
„Wären wir doch bloß nachsichtiger und netter mit ihr gewesen, nun fehlt sie uns so, unser Sonnenschein aus der Klasse 4b ist nicht mehr ..."
Und ich würde still und starr wie der See daliegen und grimmig denken: zu spät.
Gut, dass manche Wunschträume nicht erfüllt werden.
Ja, soll man denn überhaupt nicht wunschträumen?

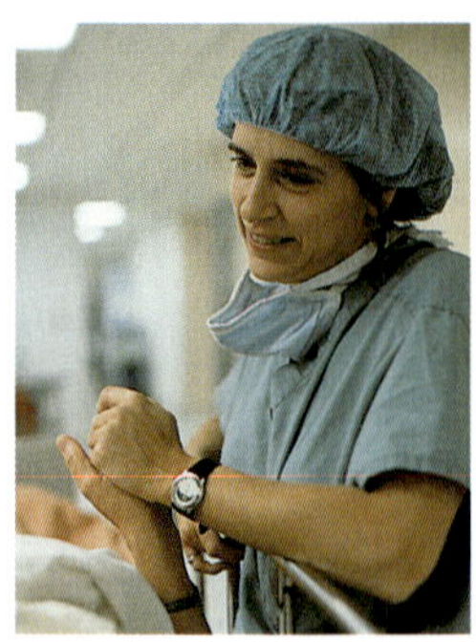

Träume ich etwa nie?
Doch, den ganzen Tag.
Ich wünschte, ich wäre sanft, tolerant, geduldig.
Ich wünschte, ich wäre stark, zornig, mutig.
Ich wünschte, meine guten Freunde wären immer um mich.
Aber am liebsten bin ich allein.
Ich wünsche mir eine große Reise.
Aber zu Hause ist es am schönsten.
Ich wünschte, ich müsste nicht immer so viel arbeiten!
Wenn ich doch mal eine Million im Lotto gewinnen würde ...
Würde ich dann endlich mal zum Friseur gehen?
Bestimmt nicht.
Die schlimmsten Wunschträume sind oft die, die nur Sekunden oder Minuten dauern – wenn du im dunklen Kino über der Lehne hängst und dir wünschst, dass dieser Film nie aufhören möge ...
Zum Glück hört er ja dann doch mal auf und du kannst nach Hause gehen und dir einen Glühwein machen.
Einen Wunschtraum habe ich.
Aber wenn ich ihn sage, geht er nicht in Erfüllung, das weiß ja jeder.
Ich kann nur so viel verraten: Mit „Wenn ich ein König wär ..." hat er nichts zu tun.

(Elke Heidenreich, Journalistin)

A *Warum haben Menschen Wunschträume? Sind sie nicht vergeudete Zeit? Führt ein Streitgespräch in der Klasse.*
Bildet Arbeitsgruppen und sprecht darüber, auf welche Traumreise ihr gehen wollt.
Fertigt dazu eine Collage an und erzählt von dieser Reise.
Was ist ein Wunschtraum? Formuliert einen Vorschlag für ein Begriffsbild.

Zwischen Tag und Nacht

Erinnerung an einen Apfelbaum

Q Wie ist es möglich, wie kann manche Art von Musik
einen so froh machen?
Dann sehe ich vor meinen Augen geträumte Bilder.
Schöne Bilder, manchmal blühende Bäume, Apfelbäume.
Das heißt, eigentlich nur einen bestimmten Apfelbaum.
Ich weiß nicht mehr, wann und wo es war,
aber seither habe ich nie mehr einen Baum so angesehen
wie diesen einen.
Er war über und über besät mit weißrosa Blüten.
Sie hatten sich alle geöffnet, wie Sterne so groß
und verdeckten die schwarzen Äste.
Der ganze Stamm summte von Bienen und am Himmel
zogen,
langsam und still wie große Segelschiffe, schneeweiße
Wolken.
Lautlos schneiten hier und da Blütenblättchen ins Gras,
die Luft war weich und süß von ihrem Duft.
Ich wollte am liebsten hineintauchen in diesen weißrosa
Blütenschaum.
Ein einziger Apfelbaum! Er ist in mir
und bei bestimmter Musik seh ich ihn wieder vor mir,
genau wie damals, ganz genau.
Wie ist das möglich?

(Susanne Kilian)

A *Gibt es einen Unterschied zwischen Erinnerungen und Träumen? Notiert dazu Stichpunkte.*
Welche Bedeutung haben Erinnerungen für die Gegenwart und Zukunft?
Hast du eine bestimmte Musik, die dich zum Träumen anregt? Höre deine Lieblingsmusik und male dazu „deinen“ Apfelbaum.
Vergleicht eure Apfelbäume. Gibt es Unterschiede und Gemeinsamkeiten?

Schüler einer achten Klasse über Tag- und Nachtträume

A *Was haltet ihr von diesen Antworten? Sprecht darüber.*
Welche Antwort würdet ihr geben?
Haltet ihr Träume für wichtig? Begründet eure Meinung.

Was wäre, wenn ...

Weiße Schlösser mit hohen Spiegelfenstern

Q Es war einmal ein Prinz, weit drüben im Märchenlande. Weil der nur ein Träumer war, liebte er es sehr, auf einer Wiese nahe dem Schloß zu liegen und träumend in den blauen Himmel zu starren. Denn auf dieser Wiese blühten die Blumen größer und schöner wie sonstwo. - Und der Prinz träumte von weißen, weißen Schlössern mit hohen Spiegelfenstern und leuchtenden Söllern.

Es geschah aber, daß der alte König starb. Nun wurde der Prinz sein Nachfolger.
Der neue König stand nun oft auf den Söllern von weißen, weißen Schlössern mit hohen Spiegelfenstern. Und träumte von einer kleinen Wiese, wo die Blumen größer und schöner blühten, denn sonstwo.

(Bertolt Brecht, Dichter)*

A *Wie könnt ihr dem jungen König helfen?*

Fantasiereisen

Jeder von euch träumt manchmal vor sich hin und stellt sich vor, was wäre, wenn ...
Versucht es einmal gemeinsam.

Was wäre, wenn ...
- alle Menschen statt der Augen grüne Gläser hätten?
- die Menschen die Welt um sich herum nur durch den Geruch wahrnehmen könnten?
- wir Augen wie Mikroskope hätten oder Ohren wie überempfindliche Mikrofone?

A *Gefallen euch diese Vorstellungen? Warum? Warum nicht?*
Sind diese Art von Fantasiereisen nur Gedankenspiele ohne Sinn und Zweck?
Überlegt euch in Gruppen geeignete Themen für solche Fantasiereisen und stellt fest, inwieweit sie euch helfen, die wirkliche Welt zu verstehen.

Große Tür und kleines Bild

Christa Wolf erzählt in ihrem Roman „Der Störfall", was sie von ihrer Tochter über ihren Enkelsohn erfährt:

Q Er sause den ganzen Tag mit dem Fahrrad draußen rum ... Übrigens beschäftige er sich gerade mit den letzten Fragen des Daseins. Heute zum Beispiel habe er, auf dem Klo sitzend, seinen Vater durch die Tür gefragt: Papa, wie kommt eigentlich die große Klotür in mein kleines Auge rein?
Erbarm dich! habe ich gesagt. Und weiter? - Natürlich habe sein Vater ihm daraufhin eine exakte Zeichnung angefertigt: die Klotür, das Auge, in dem die Lichtstrahlen sich kreuzen, der Weg über den Sehnerv zum Sehzentrum im Gehirn. Und daß es die Sache des Gehirns sei, das winzig kleine Abbild im Bewußtsein des Empfängers wieder auf normale Klotürgröße zu bringen. - Und? Hat er sich zufriedengegeben? -
Du kennst ihn doch. Weißt du, was er gesagt hat? Er hat gesagt: Und wie kann ich sicher sein, daß mein Gehirn mir die Klotür wirklich auf die richtige Größe bringt?

(Christa Wolf, Schriftstellerin)*

A *Wie würdet ihr die Frage beantworten?*

Niemand sieht jemals irgendetwas

Könnte jemand, der von Geburt an blind ist, wissen, was das Wort „rot" bedeutet? Übrigens, was bedeutet eigentlich das Wort „rot"?
Wenn du eine Seite eines Apfels siehst, aber nicht alle seine Seiten, dann siehst du nicht den Apfel, sondern nur eine Seite des Apfels. Da keiner jemals alle Seiten des Apfels sieht, sieht keiner jemals einen Apfel. Das Argument gilt nicht nur für Äpfel, Birnen, Pflaumen, Pfirsiche, Autos, Bücher, Menschen, niemand sieht sie jemals. Ja, niemand sieht jemals irgendetwas.
Was ist hier falsch?

A *Könnt ihr eine Antwort geben?*
In welchem Verhältnis stehen nach eurer Meinung Fantasie und Denken zueinander?
Sind in unserer realen, technischen Welt Träume nicht überflüssig? Führt ein Streitgespräch darüber.

P Bildet kleine Gruppen und sucht im Internet, was ihr zum Begriff Traum findet. Versucht die Informationen nach den Überschriften der Doppelseiten in diesem Kapitel des Lehrbuchs zu ordnen. Berichtet anschließend darüber, ob ihr neue Erkenntnisse gewonnen habt.

1.2 Mein Bild von mir selbst

Selbstporträt

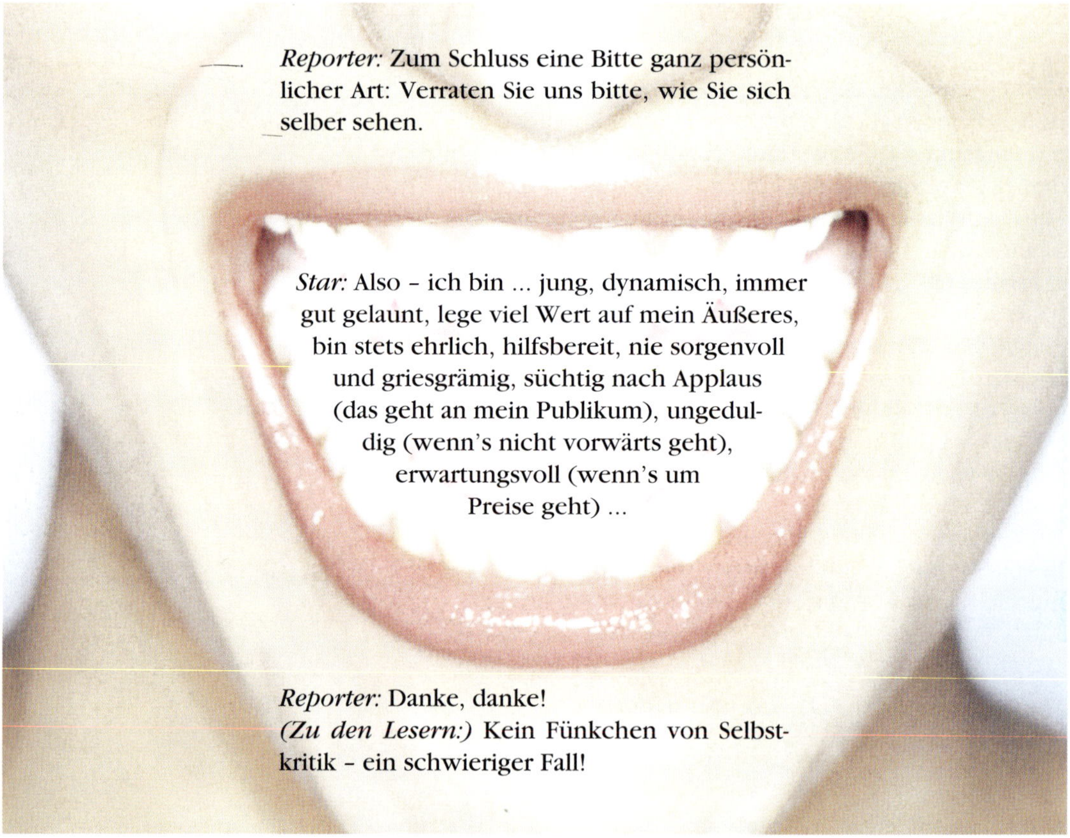

Und nun bist du dran! – Das Selbstinterview

Schritt 1: Um ein Interview führen zu können, benötigt man erst einmal einen Fragenkatalog. Erstellt diesen Katalog in kleinen Gruppen. Berücksichtigt Fragen, die eure Person, eigene Gedanken und Gefühle, das „Ich" im weitesten Sinn betreffen. Diskutiert und ergänzt eure Ergebnisse anschließend mit den anderen Arbeitsgruppen.

Schritt 2: Interviewt euch anhand der Fragen selbst und schreibt eure Antworten auf.

Schritt 3: Ergänze dein Selbstinterview durch die Frage „Wie will ich sein?"
Berücksichtige bei der Beantwortung dieser Frage auch die Möglichkeiten, die dir tatsächlich zur Verfügung stehen.

Schritt 4: Schreibt über euren besten Freund unter Zuhilfenahme der Interviewfragen und vergleicht im Anschluss das Selbstinterview mit der Fremdeinschätzung.

A *Was meint ihr, kann man alles von sich wissen?*

Wie sehe ich mich? Wie will ich sein?

Betrachtet die beiden Selbstporträts und überlegt, was sie ausdrücken. Was wird auf den Bildern nicht gesagt? Wie weit können solche Bilder das Innenleben einer Person, z. B. Gedanken und Gefühle, widerspiegeln?

Was trifft auf mich zu? Oder: Wie bin ich?

Eigenschaften	*stark*	*ausgeprägt*	*manchmal*	*weiß nicht*	*glaube nicht*
höflich					
launisch					
hilfsbereit					
egoistisch					
fair					
eigensinnig					
wissbegierig					
ehrlich					

Übernehmt die Tabelle in euer Heft. Ergänzt gemeinsam die Spalte der Eigenschaften (Gefühle mit berücksichtigen!) und füllt dann die übrigen Spalten selbstständig aus.
Diskutiert anschließend, welche Eigenschaften ihr als positiv und welche ihr eher als ablehnenswert anseht. Begründet eure Meinung.

Mit den Augen der anderen

Q Du kannst meinen Körper sehen, aber du kannst nicht mich sehen.

(Antonetta, 14 Jahre)

Ist ein eigenes Gesicht Luxus?

Q Oh, nichts gegen den Lidschatten. Auch nichts gegen ein praktisches Haarteil, nichts gegen nackte Knie oder bedeckte Knöchel.
Nur nützt das nichts. Es macht weder klüger noch schöner ...
Schade, nicht? Es wäre so praktisch, Schönheit einzukaufen. Nur schließt die Seifenschönheit die Seifenblase ein.
Und die andere Schönheit, die haltbarere? Die bedeutet Arbeit. Arbeit an sich selbst und Spaß an sich selbst. Dich musst du entdecken. Deine Möglichkeiten, dein Besonderes. Einsichten und Ansichten sammeln und überprüfen. Und, wenn du dein Gesicht gefunden hast, dann unterstreich es vorsichtig.
Denn wenn du ein Gesicht hast, dann brauchst du dir keins zu malen.

(Stefanie, 14 Jahre)

A *Die äußere Schönheit ist für jeden sichtbar. Gibt es auch so etwas wie eine innere Schönheit? Warum? Warum nicht?*
Wie versteht ihr Antonettas Gedanken? Wie sieht Stefanie dieses Problem?
Ist die innere Schönheit messbar? Sucht nach Kriterien.
Welche Rolle spielen andere Menschen bei der Entwicklung deines Ichs? Diskutiert in kleinen Gruppen darüber.

Verschiedene Blickwinkel

A *Überlegt zunächst, wodurch sich jeder Einzelne den anderen zeigt. Zeichnet anschließend das Schema in euer Heft und ergänzt es.*
Durchdenkt nun, wovon es abhängt, ob das Bild, das ich von mir selber habe, mit dem, das andere sich von mir bilden, übereinstimmt. In welchen Bereichen ist das so, in welchen nicht? Findet Ursachen dafür.

Fühle ich mich verstanden?

In den Flegeljahren sein.

Über die Stränge schlagen.

Was aus sich machen.

Flügge werden.

Noch nass hinter den Ohren sein.

Jugend hat keine Tugend.

Seinen Mann stehen.

Sich die Hörner abstoßen.

Aus dem Gröbsten raus sein.

A *Mit welchen Redensarten wärst du einverstanden, wenn man sie über dich sagen würde? Suche mit Hilfe der Abbildungen weitere solcher Redewendungen, schreibe sie auf und prüfe, ob sie auf dich zutreffen.*

Wer ist hier arm dran?

Q Ich sagte ..., dass meine Schwester absolut kein Zeichentalent habe. Dass das Gut noch zehnmal geschenkt sei. [...] Die Mama ließ sich davon nicht beeindrucken. Sie wisse ja ohnehin, dass Bille im Zeichnen kein Genie sei. Aber wenn man sonst lauter Sehr Gut habe, meinte sie stur, dann stehe einem auch in Kunsterziehung eines zu. „Weil Zeichnen doch gar nicht wichtig ist", rief sie.
Ich merkte, dass Bille grantig wurde. Meine Mutter merkte es nicht. Sie fuhr fort: „Im Herbst werde ich zu der Zeichenlehrerin gehen und sie fragen, was sie eigentlich gegen dich hat!"
„Untersteh dich!" rief Bille. „Du machst mich doch lächerlich!" „Na klar werd ich mich unterstehen", sagte meine Mutter. „Dir in so einem unwichtigen Fach wie Zeichnen einen Zweier zu geben, finde ich einfach empörend!"
Bille rang nach Atem. „Du bist so was von unlogisch!" fauchte sie meine Mutter an. „Zuerst sagst du, die Zeichennote ist total unwichtig! Warum regst du dich dann so auf, wenn sie so unwichtig ist?" „Na, weil sie dein Zeugnis verpatzt!" sagte meine Mutter. Da sprang Bille auf, starrte meine Mutter an und schrie: „Du bist einfach pervers! Du bist hinter Einsern her wie der Fetischist hinter den Gummigaloschen!" Dann lief Bille aus dem Zimmer. [...] Da glättete sich das Gesicht der Mama wieder, ihre Mundwinkel hoben sich, und sie sagte, fast milde, zu mir: „Weißt du, Ewald, sie regt sich bloß so auf, weil sie in Wirklichkeit nämlich auch eine Wut über den Zeichen-Zweier hat. Sie will es nur nicht zugeben. Aus Stolz! Aber ich kenne doch die Bille! Sie ist ziemlich ehrgeizig, das kannst du mir glauben!"
In solchen Augenblicken tut mir die Mama immer sehr leid. Wenn man so danebensteht und so überhaupt nichts kapiert, ist man doch wirklich arm dran!

(Christine Nöstlinger)

A *Wie beurteilt ihr das Verhalten von Bille, Ewald und der Mutter?*

Ich will ich sein!

Ein Hut aus Ungarn

Q Die Ferien waren viel zu schnell vorbei! Noch gar nicht lange her, da weilte Anne mit ihren Eltern am Balaton. Sonne, Wasser, Zeit und ein paar nette Abenteuer mit neuen Freunden, erinnert sie sich sehnsüchtig.

Zu gerne hätte sich Anne dort einen tollen Hut auf einem der Basare gekauft, doch leider hatte das Taschengeld nicht mehr gereicht. Bestimmt wären die Freundinnen neidisch gewesen und die Jungen hätten gestaunt!

Die Zeit verging und es wurde Weihnachten. Anne hatte schon lange nicht mehr an den Urlaub gedacht. Zu sehr hatten die Schule, ihre Freunde und das bevorstehende Fest sie in Anspruch genommen. Sie hatte sich die neueste BRAVO-Hits-CD und eine neue Jeans gewünscht. Doch was Anne von ihren Eltern bekam, übertraf ihre kühnsten Erwartungen: den verrückten Hut und so farbenfroh. Nach den Weihnachtsferien geht Anne fröhlich und selbstbewusst mit ihrem auffälligen Hut zur Schule. Neugierige Blicke und Getuschel stören sie keineswegs.

Annes Hut

Kleider machen Leute

Q Das Sprichwort „Kleider machen Leute“ ist nicht so ganz von der Hand zu weisen, weil die Kleidung oftmals die Anziehungskraft eines Menschen beeinflusst. Denn jeder von uns will ja bei seinen Mitmenschen einen guten Eindruck hinterlassen. Wie hoch du dein Aussehen bzw. die Qualität deiner Kleidung einschätzt, bleibt allerdings dir überlassen. Wenn du das nötige Geld hast, um besonders modische und teure Kleidung zu kaufen, weil du hohe ästhetische Maßstäbe anlegst, so gibt es keinen Grund, diese Anforderungen nicht zu erfüllen. Du musst selbst entscheiden, welche Dinge du lieber sein lässt, um dir dafür modische Sachen zu kaufen. Wenn jedoch eine Person ihr gesamtes Geld und ihre Energie dazu verwendet, sich die neuesten Klamotten zu beschaffen, und andere Dinge dabei vernachlässigt, so besteht ein Grund für Kritik an ihrem teuren Geschmack. Jeder Mensch muss für sich selbst entscheiden, wie er das richtige Verhältnis zwischen Ausgaben für Kleidung, Bildung und gemeinnützige Zwecke findet.

(Konstantin Kolenda, amerikanischer Philosoph)

A *Betrachte die Zeichnung und überlege, warum Anne wohl in diesem Outfit zur Schule geht.*
Welche Rolle spielt für dich die Kleidung? Nach welchen Kriterien wählst du sie aus?
Kannst du Menschen verstehen, die ihr gesamtes Geld für Kleidung ausgeben? Warum? Warum nicht?

Mein eigenes Lied

my own song

Q ich will nicht sein
so wie ihr mich wollt
ich will nicht ihr sein
so wie ihr mich wollt
ich will nicht sein wie ihr
so wie ihr mich wollt
ich will nicht sein wie ihr seid
so wie ihr mich wollt
ich will nicht sein wie ihr sein wollt
so wie ihr mich wollt

nicht wie ihr mich wollt
wie ich sein will will ich sein
nicht wie ihr mich wollt
wie ich bin will ich sein
nicht wie ihr mich wollt
wie *ich* will ich sein
nicht wie ihr mich wollt
ich will *ich* sein
nicht wie ihr mich wollt will ich sein
ich will *sein*

(Ernst Jandl, Schriftsteller)

A *Könnt ihr mit diesem Gedicht etwas anfangen? Gibt es einen Zusammenhang mit der Geschichte von Anne?*
Diskutiert die folgenden Meinungen und überlegt, welcher ihr zustimmen könnt. Begründet eure Meinung.

- Man muss etwas finden, wodurch man unverwechselbar man selbst ist.
- Besser, ich falle nicht auf, dann werde ich am besten durchs Leben kommen.
- Ich sehe mich.
- Ich weiß, dass das Spiegelbild dort ich bin.

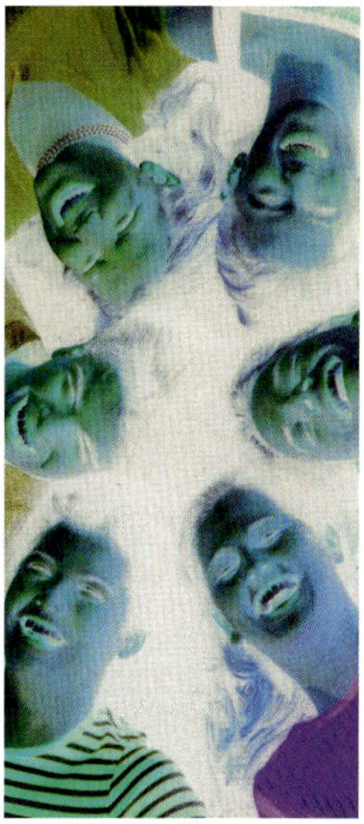

Verwirrung?

Wer oder was ist nun dieses *Ich*? Nach Überzeugung des Philosophen Immanuel Kant kann das *Ich* nicht das Ergebnis von Erfahrung sein, denn es lässt sich überhaupt nicht wahrnehmen. Da hilft auch kein noch so genauer Blick in den Spiegel. Was ich dort sehe, bin gerade nicht ich, der in den Spiegel schaut.

A *Was hat Immanuel Kant gemeint?*

Anders sein – geht das?

Ich mag mich so, wie ich bin!

Q Manchmal versuche ich, mich an die Stelle eines anderen zu versetzen, und bin erschrocken, wenn ich merke, dass mir das fast gelingt. Wie fürchterlich, jemand anders als ich zu sein. Mein Egoismus ist schrecklich. Ich liebe meinen Körper, mein Gesicht, meine Glieder mit überwältigender Hingabe. Ich weiß, dass ich „zu groß“ bin und eine zu dicke Nase habe, trotzdem putze ich mich auf, posiere vor dem Spiegel und finde mich von Tag zu Tag hübscher …
Ich habe mir ein Bild von mir selbst geschaffen - idealistisch und schön. Ist nicht dieses Bild, frei von Makeln, das wahre Selbst - die wahre Vollendung? Ist es denn mein Fehler, wenn dieses Bild sich heimlich zwischen mich und den gnadenlosen Spiegel stellt?

(Sylvia, 13 Jahre)

A *Habt ihr schon einmal ähnliche Gedanken wie Sylvia gehabt? Sprecht darüber. Wie habt ihr das Problem gelöst?*

Eine Redewendung

Q Nicht aus seiner Haut herauskönnen.

A *Bildet Arbeitsgruppen und berichtet über Situationen, in denen ihr aus eurer Haut herauswolltet. Denkt darüber nach, ob es überhaupt möglich ist, aus seiner Haut herauszukommen. Kann man jemand anderes sein? Warum? Warum nicht? Führt dazu ein Streitgespräch.*

Das vergebliche Suchen

Q Rabbi Chanoch erzählte: Es gab einmal einen Toren, den man den Golem nannte, so töricht war er. Am Morgen beim Aufstehen fiel es ihm immer so schwer, seine Kleider zusammenzusuchen, dass er am Abend, dran denkend, oft Scheu trug, schlafen zu gehen. Eines Abends fasste er sich schließlich ein Herz, nahm Zettel und Stift zur Hand und verzeichnete beim Auskleiden, wo er jedes Stück hinlegte. Am Morgen zog er wohlgemut den Zettel hervor und las: „Die Mütze" - hier war sie, er setzte sie auf, „die Hosen", da lagen sie, er fuhr hinein, und so fort, bis er alles anhatte. „Ja aber, wo bin ich denn?" fragte er sich nun ganz bang, „wo bin ich geblieben?" Umsonst suchte und suchte er, er konnte sich nicht finden. - „So geht es uns", sagte der Rabbi.

(Martin Buber, deutsch-jüdischer Philosoph)

A *Warum findet der Tor sein eigenes Ich nicht wieder?*
Gibt es noch andere Augenblicke oder Situationen, in denen jemand sich selbst fremd ist?
Gestaltet eine kleine Szene dazu.

A *Welche Sprichwörter sind hier bildlich dargestellt?*

Was Eltern nicht wissen

Meine Eltern zerreißen mich in zwei Hälften, und jeden Schnipsel ihrer Hälfte muss ich mir hart erkämpfen. Sie zwingen mich in eine Doppelrolle, die zu spielen mir sehr schwer fällt: auf der einen Seite, was mit der Zeit aus mir geworden ist, auf der anderen Seite, was ich für meine Eltern schon immer war – ihr Kind, das allein hilflos und schutzbedürftig ist und das selbstverständlich vor jeder Entscheidung um Rat fragt.
Eltern sind meistens ziemlich entsetzt, wenn man andeutet, dass sie nicht alles von ihren Kindern wissen, oder wenn sie irgendwas bis dahin Unbekanntes über ihre Söhne und Töchter erfahren.

A *Diskutiert in kleinen Arbeitsgruppen, ob man in der Familie oder im Freundeskreis wirklich in eine Doppelrolle gedrängt werden kann.*
Wie geht ihr damit um? Erarbeitet Vorschläge dazu.

Wenn ich mich verwandeln könnte

Experimentiert mit euch selbst

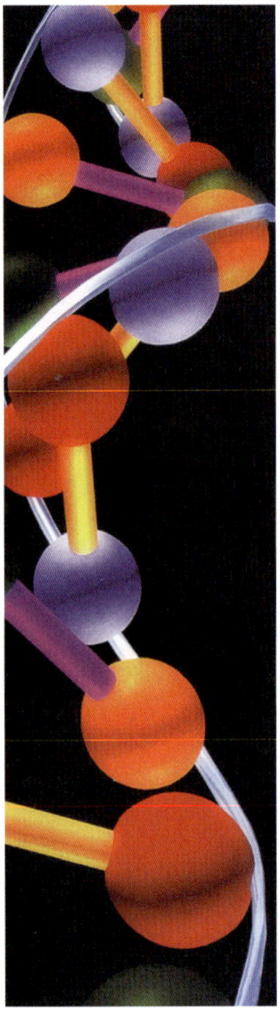

1. Experiment
Stellt euch vor, ihr wärt nicht als Mädchen bzw. Junge zur Welt gekommen. Würdet ihr die Welt wohl genauso wahrnehmen, wie ihr es jetzt tut? Wärt ihr – abgesehen von den biologischen Unterschieden – derselbe Mensch geworden, der ihr jetzt seid? Warum/warum nicht? Wie seid ihr jetzt?
Schreibt eure Gedanken dazu auf.

2. Experiment
Stellt euch vor, Science-fiction würde Wirklichkeit und ihr könntet euch in eine andere Person verwandeln! Was von euch würdet ihr gern behalten, und was würdet ihr wie verändern wollen?
Gestaltet eine Comic-Seite dazu.

3. Experiment
Angenommen, euch gäbe es zweimal. Würde euer „Ich" dann auch doppelt existieren? Hätte jeder Einzelne von euch immer die gleichen Gedanken, Träume und Wünsche?
Befragt eineiige Zwillingspärchen verschiedener Altersstufen nach ihren Erfahrungen.

4. Experiment
Wir gehen unter die Detektive. Nehmt Fingerabdrücke von euch selbst, nahen Verwandten und Freunden und vergleicht sie miteinander.

A *Vergleicht die Ergebnisse aller vier Experimente. Was habt ihr herausgefunden?*

Wege zur Selbsterkenntnis

- Eigenes Handeln in verschiedenen Alltagssituationen
- Nachdenken über Erfolge und Misserfolge und deren Ursachen
- Gespräche und Auseinandersetzungen mit anderen
- Nachdenken über eigene Erlebnisse, Gefühle, Gedanken
- Beobachten der Mitmenschen: Wie denken, fühlen und handeln sie?
- ? ? ?

A *Was hältst du von diesen Wegen? Ergänze sie in deinem Heft.*

P Projektvorschlag: Führe ein Tagebuch und wende diese Wege der Selbsterkenntnis eine Woche lang an. Helfen sie dir?

Psycho-Check*

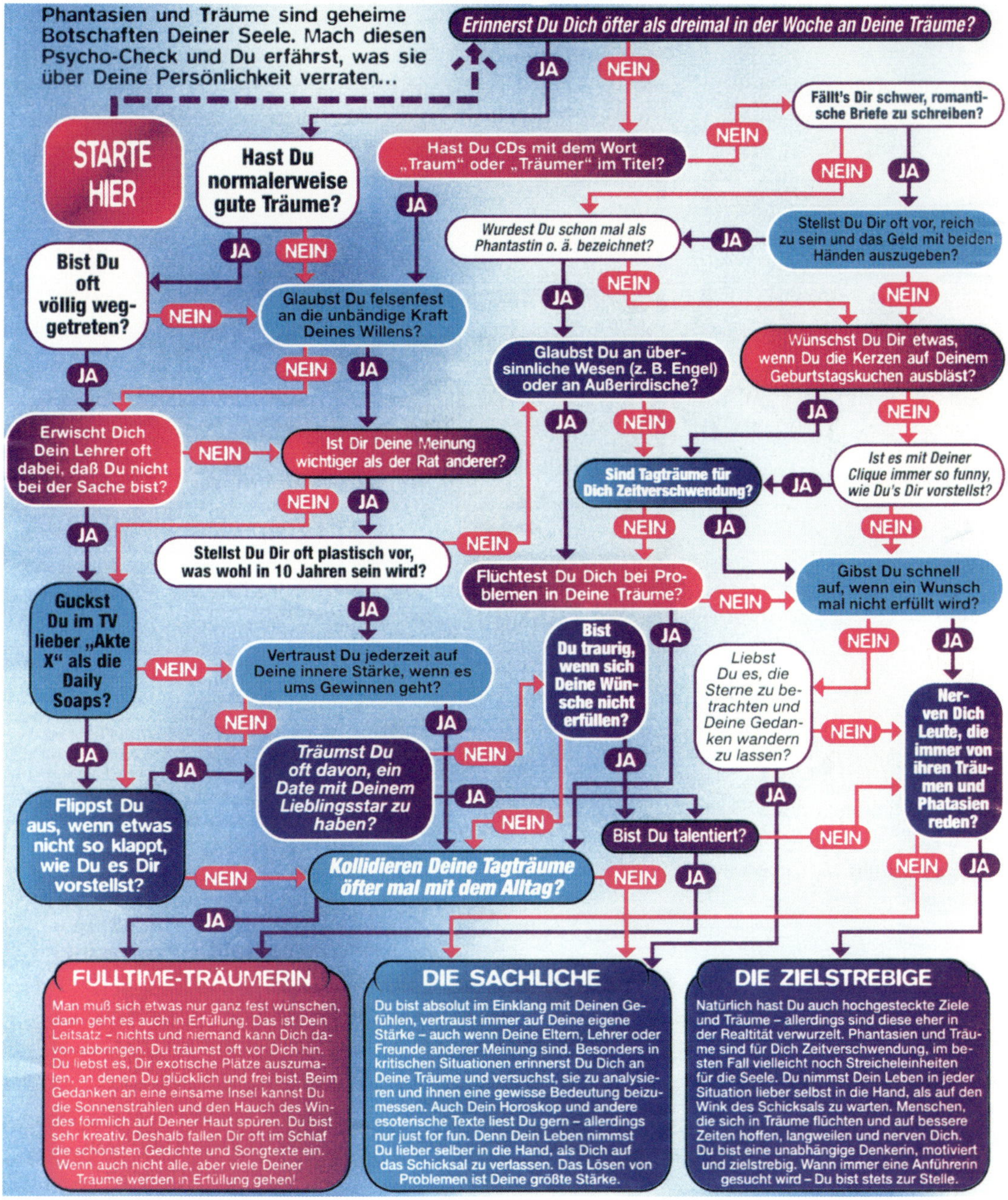

A *Prüft, ob der aus der BRAVO-Girl abgedruckte „Psycho-Check“ tatsächlich Wichtiges über eure Persönlichkeit verrät.*
Wie brauchbar kann solch ein Check nach eurer Meinung für die Selbsterkenntnis sein?
Welche Fragen würdest du verändern? Schreibe sie auf.
Diskutiert anschließend darüber, ob und wie Medien und Idole (Zeitschriften, Fernsehidole, Popstars u. a.) auf euer Selbstbild Einfluss haben.

Spielen wir mehrere Rollen?

Alles nur Theater?

Jeder von euch hat in seiner Familie eine Rolle zugewiesen bekommen: die der Tochter oder des Sohnes. Überlegt, wie ihr diese Rolle täglich gestaltet und wie eure Eltern an dieser Gestaltung mitwirken. Wer ist die Regisseurin/der Regisseur?

- ***Erwartungen der Eltern: Unser Kind …***

… soll sich als gut erzogenes „Vorzeigeobjekt" erweisen.

… soll ehrgeizig sein und gut lernen.

… soll nicht vorlaut sein.

… soll hilfsbereit und verantwortungsbewusst sein.

… soll andere achten.

… soll sich umsorgen lassen.

Diskutiert über diese Sichtweise. Verändert sie, wenn ihr andere Erfahrungen gemacht habt.

- ***Meine Rolle als Tochter oder Sohn …***

… ist angenehm, weil …

… ich Freiräume habe.

… ich meine Freunde selbst aussuchen darf.

… ich allein über meine Freizeit bestimme.

… ich umsorgt werde.

… ist belastend, weil …

… ich Pflichten anerkennen muss.

… ich Verantwortung tragen soll.

… ich Ordnung halten soll.

… ich gegängelt werde.

Wie siehst du deine Rolle als Tochter oder Sohn in der Familie?
Fertige eine ähnlich aufgebaute Skizze an, in der du deine Rolle darstellst.

Und welche Rolle spiele ich?
Rollenvielfalt

Eine Rolle zu übernehmen heißt:

- sich in die Gemeinschaft verschiedener Menschen einzugliedern und sich den geltenden Regeln anzupassen oder diese mitzubestimmen;
- bewusst das eigene Handeln auf diese Rolle hin ausrichten;
- sich selbst in dieser zu entdecken;
- das eigene Ich in ihr nicht zu verlieren;
- das eigene Verhalten mit dem anderer in der gleichen Rolle zu vergleichen.

A *Spielt ein jeder nur die ihm zugedachten Rollen oder lebt er sie auch tatsächlich aus?*
Neben der Rolle in der Familie ist im alltäglichen Leben vielfältiges Rollenverhalten zu beobachten.
Überlegt, in welcher Rolle ihr euch selbst noch „ertappen“ könnt.
Wie unterscheidet sich euer Verhalten in den einzelnen Rollen? Versucht eine Gegenüberstellung.
Übernehmt die Tabelle in euer Heft und ergänzt sie.

Verhaltens-merkmale	höflich	launisch	fröhlich	ruhig	fleißig	ordentlich	hilfsbereit	?
Rolle als Sohn/Tochter								
Rolle als Bruder/Schwester								
Rolle als Schüler								
Rolle als Kumpel								
Rolle als Sportkamerad(in)								
Rolle als …								

A *Wodurch lassen sich mögliche Unterschiede im Verhalten erklären?*
Denkt einmal darüber nach, was passiert, wenn ihr euch anders verhaltet, als es in einer bestimmten Rolle erwartet wird. Wer erwartet überhaupt das Rollenverhalten von uns?

P Sucht Beispiele für das Rollenverständnis in anderen Zeitepochen in Filmen, Büchern, Dokumentationen oder in den Erzählungen eurer Großeltern bzw. anderer älterer Personen. Vergleicht eure heutige Situation mit damaligen Verhältnissen.

1.3 Erinnern und Vergessen

Lebensstufen

Caspar David Friedrich, Lebensstufen (Ausschnitt)

A *Schaut euch das Bild von Caspar David Friedrich an und schreibt einige Gedanken dazu in euer Heft. Welche verschiedenen Lebensstufen könnt ihr erkennen? Was haben sie mit dem Thema „Erinnern und Vergessen" zu tun?*
Bildet Wortpaare, welche die verschiedenen Lebensstufen näher beschreiben (z. B. Nähe und Ferne).

Woran ich mich erinnern kann

A *Schreibe diejenigen Lebensstufen, die du bisher durchlaufen hast, in dein Heft.*
An welche kannst du dich besonders gut erinnern? Warum erinnerst du dich an sie?
Wenn man sich an einige Lebensstufen nicht erinnern kann, bedeutet dies, dass man sie vergessen hat? Sprecht darüber.

Memory

A *Finde noch weitere Wörter zu den jeweiligen Feldern.*
Versuche die angegebenen Wörter in einen Zusammenhang zu bringen (z. B. Leben und Tod).
Charakterisiere anhand der Wörter, was du unter „erinnern“ und „vergessen“ verstehst.
Bildet kleine Gruppen und denkt euch ein Erinnerungsspiel mit den angegebenen Wörtern aus.

Gelebte Zeit

Kartoffeln

Q Kurz nach meiner Ankunft im Ghetto Theresienstadt 1942 hatte ich das Glück, Arbeit in der Küche zu bekommen, in der aus den spärlichen Zuteilungen der Deutschen für zehntausend Lagerhäftlinge gekocht wurde. Ein Arbeitsplatz in der Küche war im Lager jedermanns Traum.

Eines Tages gab ich Essen auf dem Kasernenhof aus. Ich stand vor einem Kübel wässriger Suppe und teilte mit einer Suppenkelle die fade Flüssigkeit an eine Menschenmenge aus, die stundenlang vor mir Schlange stand.

Ein alter Mann, der an der Reihe war, flüsterte mir zu: „Bitte, Fräulein, geben Sie mir etwas vom Bodensatz, ich habe solchen Hunger!" Er hoffte auf ein Stück Steckrübe oder gar eine Kartoffel am Boden des Kübels. Als ich aufsah, merkte ich zu meiner Bestürzung, dass es mein Großvater war. Um ihn nicht zu beschämen, tat ich so, als würde ich ihn nicht erkennen.

Noch am selben Tag stahl ich beim Saubermachen in der Küche zwei gekochte Kartoffeln. Ich versteckte sie und schmuggelte sie trotz der täglichen Leibesvisitationen heraus, die wir beim Verlassen der Küche über uns ergehen lassen mussten.

Nach der Arbeit lief ich sofort los, um meinen Großvater in dem kleinen Raum, den er mit vielen anderen alten Männern teilte, zu besuchen. Ich setzte mich zu ihm auf die kleine Strohmatratze, die ihm als „Lebensraum" zugeteilt war.

Ich gab meinem Großvater die zwei gekochten Kartoffeln, die ich gestohlen hatte. Er zog sein Taschenmesser aus der Hosentasche, schnitt sie in Scheiben und teilte sie mit mir. Wir lächelten uns mit Verschwörermienen an. Es war ein Augenblick des Glücks, den wir inmitten der traurigen Wirklichkeit miteinander teilten.

(Hana, 14 Jahre)

A *Warum empfindet Hana diesen Augenblick als Glück?*

P Macht ein Interview mit euren Großeltern und fragt sie nach besonderen Augenblicken des Glücks in ihrem Leben. Vergleicht anschließend eure Interviews. Könnt ihr etwas finden, das in allen Interviews gleich ist?

Zwei Tipps

- Wenn ihr noch mehr über Hanas Erinnerungen im Ghetto von Theresienstadt erfahren wollt, dann lest Hana Greenfields Buch „Von Kolin nach Jerusalem", Konkret Literatur Verlag, Hamburg 1999.
- Wenn ihr mit dem Auto von Dresden nach Prag fahrt, dann kommt ihr durch den Ort Terezin, auf Deutsch Theresienstadt. Ungefähr in der Mitte der Stadt fallen euch rötliche alte Mauern auf. Das waren die Festungsmauern des ehemaligen Ghettos Theresienstadt, in das die Nazis ab 1940 Tausende von jüdischen Frauen, Männern und Kindern auf engstem Raum zusammentrieben, bevor sie in die Vernichtungslager nach Auschwitz oder Maidanek abtransportiert wurden.

Wenn ihr noch mehr darüber wissen wollt, schaut im Internet unter **http:/www.th4terez02htm** nach.

Was ist Erinnerung?

Q Erinnerung heißt die Kunst, einmal Genossenes nicht nur festzuhalten, sondern es immer reiner auszuformen.

(Hermann Hesse, Schriftsteller)

Das Leben kann nur in der Schau nach rückwärts verstanden, aber nur in der Schau nach vorwärts gelebt werden.

(Sören Kierkegaard, dänischer Philosoph)

Das Gedächtnis ist der Diener unserer Interessen.

(Thornton Wilder, Schriftsteller)

A *Gib ein Beispiel für den Ausspruch von Hermann Hesse.*
Erkläre diese Feststellung Kierkegaards anhand des Erlebnisberichts von Hana.
Stimmst du Thornton Wilder zu? Warum? Warum nicht?

Was ist Vergessen?

6. August 1945: eine Armbanduhr aus Hiroshima

A *Erzähle anhand des Bildes, was du unter dem Begriff Vergessen verstehst.*
Gibt es einen Unterschied zwischen vergessen und vergessen können? Welchen? Schreibe ihn in dein Heft.
Male anschließend einen unvergesslichen Augenblick. Legt eure Bilder danach in einen Kreis und erratet die verschiedenen Augenblicke.

Das hab ich vergessen!

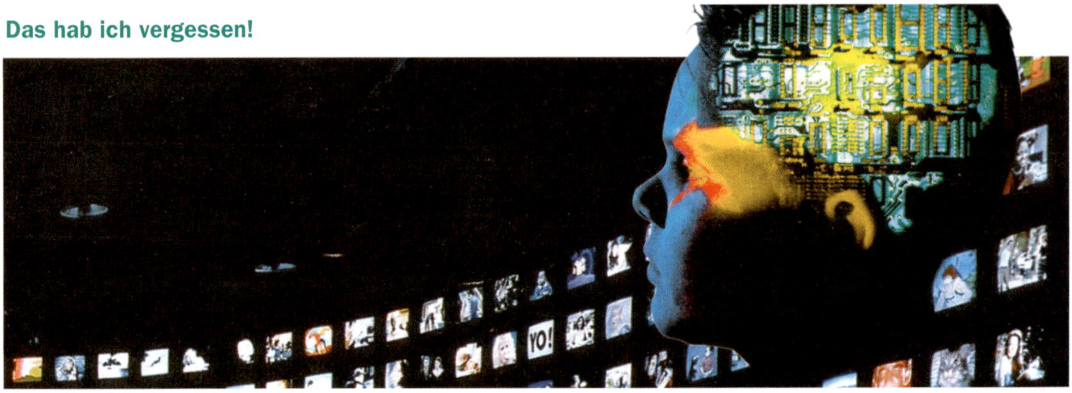

Kurz oder lang – das Gedächtnis

Im Laufe ihres Lebens speichern Menschen verschiedene Informationen: Erlebnisse, Begriffe, Zahlen oder Bilder, die bei Bedarf abgerufen werden können. Das individuelle Gedächtnis eines Menschen speichert immer neue Daten und geht erst nach dem Tod verloren. Unabhängig davon gibt es auch noch ein Artgedächtnis. Dabei handelt es sich um jenen Fundus, der sich innerhalb von Millionen Jahren im Evolutionsprozess des Menschen herausgebildet hat und von Generation zu Generation weitervererbt wird. Das Gedächtnis zu aktivieren bedeutet, eine Verbindung zwischen dem schon Vorhandenen und dem Neuen herzustellen. Das ist der grundlegende Mechanismus des Gedächtnisses.

Dabei werden zwei Formen unterschieden: das Kurzzeit- und das Langzeitgedächtnis.
Als *Kurzzeitgedächtnis* bezeichnen wir das Gedächtnis, das innerhalb eines sehr kurzen Zeitraums erhalten bleibt. Wenn du z. B. jemanden anrufen willst, im Telefonbuch nachschaust und dort eine siebenstellige Nummer findest, die du dir auf einen Blick ganz oder teilweise merkst, dann aktivierst du dein Kurzzeitgedächtnis. Möglicherweise hast du jedoch diese Nummer am nächsten Tag schon wieder vergessen und musst erneut zum Telefonbuch greifen.
Im *Langzeitgedächtnis* lässt sich diese Telefonnummer allerdings erst nach mehrfacher Wiederholung einprägen. Der gesamte Umfang des menschlichen Wissens, das im Laufe des Lebens gespeichert wird, trägt den Charakter des Langzeitgedächtnisses.

A *Nenne je ein Beispiel für das Kurz- und Langzeitgedächtnis.*
Was prägt ihr euch besser ein: Namen, Zahlen oder Erlebnisse? Entwerft dazu verschiedene Übungen in Analogie zu unserem Memory-Spiel.
Was lässt im Alter zuerst nach – das Kurz- oder das Langzeitgedächtnis? Informiert euch darüber, indem ihr ältere Menschen befragt.

Was kann ich mir merken?

Bildet kleine Gruppen. Schlagt noch einmal das Memory-Spiel auf der Seite 33 des Lehrbuches auf. Ihr habt jetzt drei Minuten Zeit, euch die dort angeführten 18 Wörter einzuprägen. Danach schließt ihr das Buch und notiert diejenigen Wörter, an die ihr euch erinnert. Sprecht anschließend in der Gruppe darüber, warum ihr euch unterschiedlich viele Wörter gemerkt habt und an welche Wörter ihr euch besonders gut erinnern konntet. Führt nach eurer Diskussion einen zweiten Test durch und vergleicht eure Ergebnisse.

Tut mir leid, nie gesehen!

Q Boris war Annas erster Freund. Ständig hockten sie zusammen. Wenn nicht, schrieben sie sich sehnsüchtige Briefe. Eines Tages wurde Anna ernsthaft krank und musste für mehrere Wochen ins Krankenhaus. Die ersten beiden Wochen kam Boris noch regelmäßig, dann jedoch seltener. „Ich muss so viele Hausaufgaben machen", klagte er am Telefon, als Anna ihn anrief. „Und außerdem muss ich jetzt dreimal pro Woche trainieren, damit unsere Mannschaft Bezirksmeister im Handball wird." Als Anna wieder aus dem Krankenhaus entlassen wurde, lief sie sofort zum Sportverein, um Boris beim Training zu beobachten. Aber er war nicht da, schon seit einigen Tagen nicht, wie man ihr sagte. Vielleicht muss er ja so viel Hausaufgaben machen, dachte sie und bog in die Straße ein, in der Boris wohnte. Sie traute ihren Augen nicht: Vor der Haustür stand Boris und küsste ihre beste Freundin. Anna lief heulend nach Hause und war wochenlang nicht ansprechbar.

Nach einigen Monaten erhielt ihr Vater eine neue Arbeitsstelle in Süddeutschland und die Familie zog weg. Als Anna einige Jahre später zu einem Handballturnier fuhr, sprach sie plötzlich ein netter junger Mann an: „Du, Anna, erkennst du mich nicht mehr? Ich bin Boris, weißt du noch ..." „Tut mir leid", antwortete Anna, „aber ich habe Sie nie gesehen!"

Verdrängung

Der Nervenarzt und Philosoph Sigmund Freud hatte zu Beginn dieses Jahrhunderts eine Praxis in Wien. Bei seinen Untersuchungen stellte er fest, dass sich einige Menschen gegen das Erinnern an unangenehme Ereignisse wehrten. Diese Erinnerungsabwehr nannte er Verdrängung. Etwas Peinliches, das nicht sein kann oder sein darf, wie z. B. Hassgefühle, wird einfach nicht akzeptiert. Es verschwindet sozusagen aus dem Gedächtnis.

A *Was meinst du, konnte sich Anna wirklich nicht mehr erinnern? Warum könnte sie Boris vergessen haben?*
Gibt es einen Unterschied zwischen vergessen und vergessen wollen?

Sollen wir uns ewig erinnern?

A *Schaut euch die Fotos an. Wodurch unterscheiden sie sich?*
Welcher Unterschied besteht zwischen einem Denkmal und einem Mahnmal? Notiert euch einige Gedanken dazu und sucht anschließend Beispiele für beide Typen.

D Als Denkmal wird jedes architektonische oder plastische Monument bezeichnet, das zum Zweck des kollektiven Erinnerns an Ereignisse oder Persönlichkeiten errichtet wurde.

A *Findet eine ähnliche Definition für das Wort Mahnmal.*
Wozu brauchen wir überhaupt Mahn- und Denkmale?

Ein Glockenturm als Werbefläche?

Q Der Glockenturm der Berliner Gedächtniskirche ist zu einer überdimensionalen Litfaßsäule umfunktioniert worden. An den sechs Seiten des 50 Meter hohen Gebäudes im Bezirk Charlottenburg wurden riesige Transparente entrollt, auf denen Prominente wie das Topmodel Claudia Schiffer oder der Rennfahrer Michael Schumacher in Überlebensgröße für die Produkte einer französischen Kosmetikfirma werben. Mit den Einnahmen soll die Sanierung des in den fünfziger Jahren erbauten Glockenturms finanziert werden.
Die evangelische Kirchengemeinde hatte sich zu der ungewöhnlichen Maßnahme entschlossen, weil sie keine andere Möglichkeit zur Finanzierung der etwa 240 000 DM teuren Sanierungsmaßnahmen sah.
Die Gedächtniskirche, zu der auch die Ruine des im Zweiten Weltkrieg zerstörten Kirchturms gehört, gilt als Wahrzeichen Berlins.

(Die Welt v. 12. 5. 1999)

A *Stell dir vor, du wärst der Bezirksamtsleiter oder die Bezirksamtsleiterin von Charlottenburg. Hättest du diese Werbeaktion genehmigt? Warum? Warum nicht? Führt darüber ein Streitgespräch in der Klasse.*

P Erkundigt euch nach Mahn- und Denkmalen in eurer unmittelbaren Umgebung. Stellt zusammen, welche Aufgabe die Denkmalpflege hat.

Yad Vashem – Hügel der Erinnerung

Yad Vashem mit dem Mahnmal für die Deportierten

Wenn Kinder gehn

Q Wenn Kinder gehn und alles dies verlassen,
Das einst ihr Leben war, ihr Gut und Sein –
Und noch einmal mit einem Blick umfassen
Den Tisch, den Stuhl, die Truhe und den Schrein –
Und einmal noch erblicken in den Gassen
Die alten Häuser und den Brunnenstein.
Dann scheint es, als sei all dies nie gewesen,
Ein Märchen, nachts im Traume aufgelesen.

Wenn Kinder gehn – an einem leisen Abend –
Ein Zug schrillt auf – und Rauch – und ferner Laut,
Und Mütter, ihren Kopf in Gram vergrabend,
Schaun, wie man in ein Fernes, Leeres schaut –
Und dann – in seliger Erinnerung noch einmal habend
Das Kindeslächeln – wenn der Morgen graut,
Stehn sie dem Tag gegenüber, den sie nicht verstehn,
Die nur den Traum und nicht das Leben sehn …

(Benno Kesstecher, 1917 geboren,
1945 im KZ Neuengamme bei Hamburg ermordet)

A *Wohin sind diese Kinder gebracht worden?*
Gibt es eine Verbindung zwischen dem Eisenbahnwaggon vor dem Abgrund und diesem Gedicht des jüdischen Jugendlichen?

Ohne Erinnerung gibt es keine Zukunft

Q Die Holocaust Gedenk- und Forschungsstätte Yad Vashem wurde 1953 vom israelischen Parlament (Knesset) durch ein besonderes Gesetz gegründet ... Das Gesetz beauftragt Yad Vashem, die Erinnerung an die Shoah (Judenvernichtung) in passender Weise wach zu halten, eine Dokumentensammlung über die damaligen Geschehnisse zu organisieren und Forschungsarbeiten über das Thema zu fördern.
Im Laufe der Jahrzehnte breitete sich die Gedenkstätte auf dem „Hügel der Erinnerung", der auch den Staatsfriedhof beherbergt, aus. Das Zentrum der Anlage ist das „Zelt der Erinnerung", wo die Namen der schrecklichsten Konzentrations- und Vernichtungslager eingraviert sind und wo eine ewige Flamme brennt. Es ist der einzige Ort am Yad Vashem, wo männliche Besucher gebeten werden, eine traditionelle jüdische Kopfbedeckung (Kipa) zu tragen, und wo Gebetsfeiern und öffentliche Kranzlegungen stattfinden.
Einige Schritte davon entfernt befindet sich die Kindergedenkstätte. Wenn man das Memorial betritt, ist es dunkel. Die Besucherinnen und Besucher tasten sich an einem Seil entlang; unzählig viele Lichter werden wie Sterne in eine Kuppel projiziert. Man hört die Namen von Kindern, ihr Alter und das Land, aus dem sie kamen. Insgesamt wurden 1,5 Millionen jüdische Kinder von den Nationalsozialisten umgebracht.

(Das Parlament v. 29. 3. 1998)

Abgebrochene Säulen vor der Kindergedenkstätte Yad Vashem

A *Woran soll die Flamme erinnern?*
Warum werden in der Kindergedenkstätte die Namen von Kindern vorgelesen?
Woran sollen die abgebrochenen Säulen vor der Kindergedenkstätte erinnern?

P Informiert euch im Internet über Yad Vashem und die Judenvernichtung während des Zweiten Weltkrieges. Befragt auch euren Geschichtslehrer bzw. eure Geschichtslehrerin.
In der Bundesrepublik Deutschland gibt es einen „Freundeskreis von Yad Vashem e. V.". Informiert euch über die Mitglieder und Ziele des Vereins. Die Adresse lautet: Freundeskreis Yad Vashem e. V., Limescorso 8, 60439 Frankfurt am Main.

Erinnern als Pflicht?

Gespräch am 30. April

Ole: Bis morgen, Nina, ich muss noch Mathe-Hausaufgaben machen!
Nina: Morgen haben wir doch gar keine Schule, da ist frei.
Ole: Na, um so besser, dann kann ich endlich mal ausschlafen.
Nina: Ich nicht! Ich will mit meinen Eltern zur Demo gehen.
Ole: Wieso Demo? Was is'n los?
Nina: Na, Tag der Arbeit, 1. Mai!
Ole: Und warum gehst du da hin? Das ist doch was für die Alten, aber nicht für uns! Musst du dich bei deinen Eltern „lieb Kind machen"?

A *Was würdest du an Ninas Stelle Ole antworten?*
Wenn du jemandem erklären solltest, welchen Sinn Feiertage haben, was würdest du ihm sagen?

Ein Feiertag für Jugendliche?

Stellt euch vor, ihr werdet in eine UN-Kommission berufen und sollt einen internationalen Feiertag für Jugendliche ins Leben rufen.
Bildet Arbeitsgruppen und überlegt euch:

- was ihr feiern wollt;
- wie ihr feiern wollt;
- warum ihr feiern wollt;
- welche Aufgaben Erwachsene und Jugendliche haben sollen;
- und wie ihr diesen Feiertag populär machen wollt.

A *Stellt eure Projekte erst in der Klasse vor und versucht anschließend die anderen Schülerinnen und Schüler eurer Schule davon zu überzeugen. Vielleicht könnt ihr auch Kontakt zu Politikerinnen und Politikern herstellen und ihnen eure Vorschläge präsentieren.*

Tag der Deutschen Einheit

*Schreibe einige Gedanken zu diesem Bild in dein Heft.
Welches andere Symbol für das Zusammenwachsen der beiden Teile Deutschlands fällt dir ein? Fertige eine Skizze dazu an.*

Ist die Mauer noch in den Köpfen?

Der jüngste Feiertag in der deutschen Geschichte ist der „Tag der Deutschen Einheit", den wir am 3. Oktober eines jeden Jahres feiern. An diesem Tag sollen sich die Bürgerinnen und Bürger der Bundesrepublik Deutschland darauf besinnen, dass sie nach 40 Jahren der Trennung wieder ein Volk geworden sind.

Die Einheit ist schon nicht schlecht, doch leider hat sich nur der Name unseres Ex-Staates geändert; die Menschen im Osten denken anders als die im Westen. Ich finde, dass die Mauer zwischen Ost und West noch nicht gefallen ist und das sollte sich so schnell wie möglich ändern.

(Ulrike, 14 Jahre, Rostock)

Die deutsche Einheit ist schon eine gute Sache, aber irgendwie sind die Jugendlichen in den neuen Ländern anders als wir: Wir haben in unserer Schule einen Austausch mit Dresden gemacht, und da hab ich festgestellt, dass die Schüler in Dresden viel disziplinierter sind als wir. Die glauben dem Lehrer alles, was er sagt, und mucken überhaupt nicht auf!

(Christopher, 13 Jahre, Hamburg)

Ich denke, die im Osten sind froh darüber, dass die Mauer weg ist, denn sie haben einiges nachzuholen; die im Westen sind nicht froh darüber, denn sie glauben, wir sind noch nicht so weit wie sie.

(Sebastian, 13 Jahre, Rostock)

Die Mauer ist noch in den Köpfen vieler Menschen und deshalb finde ich es gut, dass wir den Tag der Deutschen Einheit feiern, denn viele haben schon wieder vergessen, wie das früher in der DDR war. Da konnte man nicht reisen und nicht offen seine Meinung sagen!

(Angela, 14 Jahre, Hamburg)

Welche Meinungen der Jugendlichen aus Rostock und Hamburg findet ihr gut und welche nicht? Schreibt auf, was ihr über die deutsche Einheit denkt, und diskutiert anschließend in der Klasse darüber.

1.4 Durch Sprache die Welt verstehen

Grenzen der Welt sind Grenzen der Sprache

Von Agta, Tupi und der Farbe des Blutes

Q Die Agta auf den Philippinen haben 31 verschiedene Wörter für die Tätigkeit „Fischen", wobei jedes Wort eine besondere Art und Weise des Fischens bezeichnet. Ein einfaches, allgemeines Wort für „Fischen" fehlt ihnen. Die Agta, die für einen Großteil ihres Lebensunterhalts auf Fisch angewiesen sind, müssen nie vom Fischen als genereller Tätigkeit sprechen. Was für sie wichtig ist, sind die spezifischen Arten, den Fisch zu fangen.
In den Tupi-Sprachen, die von Eingeborenenvölkern in Brasilien gesprochen werden, gibt es zahlreiche Wörter, die bestimmte Papageienarten bezeichnen, aber keinen allgemeinen Ausdruck für Papagei.
Andere Sprachen haben eigene Bezeichnungen für die Zahlen 1 bis 5, danach begnügen sie sich einfach mit einem Wort, das „viele" bedeutet. Auch diejenigen, die Zahlen über 5 hinaus nicht benennen können, kommen ganz gut zurecht, weil sie selten große Mengen angeben müssen. Wenn der Fall eintritt, behelfen sie sich damit, dass sie den größten Zahlenbegriff entsprechend oft wiederholen.
Ganz ähnlich muss, wer die Sprache einer schriftlosen Gesellschaft spricht, über die verschiedenen Eigenschaften der Pflanzen Bescheid wissen. Im Durchschnitt kann der Betreffende 500 bis 1000 unterschiedliche Pflanzenarten benennen und erkennen. Diejenigen, die Sprachen städtischer Industriegesellschaften sprechen, können durchschnittlich nur 50 bis 100 solcher Arten mit Namen benennen. Wie zu erwarten, behelfen sich die Städter mit unbestimmten Bezeichnungen wie Gras, Baum, Strauch, Busch oder Rebe.
In schriftlosen Gesellschaften fehlen den Sprechenden häufig auch Bezeichnungen für Farben. Da sie über keine Färbemittel und Malfarben verfügen, brauchen sie selten einen Sinn für Farben. Aber wenn sie Bezeichnungen brauchen, werden sie der Sache dadurch gerecht, dass sie von der „Farbe des Himmels", „der Farbe der Milch" oder der „Farbe von Blut" reden.

(Marvin Harris, Sprachwissenschaftler)

A *Benennt die aufgeführten sprachlichen Unterschiede zwischen den Eingeborenenvölkern, den schriftlosen Gesellschaften und der Gesellschaft, in der ihr lebt.*
Wie erklärt ihr euch diese Unterschiede?
Wie beeinflussen die Umwelt- und Lebensbedingungen die Sprachen? Sammelt weitere Beispiele.

Der Unterschied

Q Belustigt dachte Theodor Heuss manchmal darüber nach, wie sich das Vokabularium der Presseleute geändert habe, seit er Bundespräsident geworden sei.
Früher sei er irgendwohin „gegangen" oder „gefahren", jetzt „begebe" er sich. Wenn er sich vorher in einer Stadt „aufgehalten" habe, so „weile er jetzt in ihren Mauern". Sei er bisher von jemandem „begleitet" worden, werde er jetzt nur noch „geleitet", und habe er vor seiner Amtszeit in einem Hotel schlicht „wohnen" können, so dürfe er dort nur noch „absteigen".

(Hanna Frielinghaus, Journalistin)

A *Welche Erklärung habt ihr für das veränderte Vokabularium der Presse?*
Überlegt euch selbst Situationen, in denen sich die bisherige Sprechweise verändert. Schreibt sie als kleine Geschichten nieder. Nennt Gründe, warum sich die Sprechweise in der betreffenden Situation änderte.

Frei ist noch lange nicht frei

„Im **freien** Fall fühlt man sich **frei** wie ein Vogel."

„Ist noch ein Platz **frei**?"

„Ich habe heute schul**frei**."

A *Stellt verschiedene Bedeutungen der Wörter „los", „gut" oder „ganz" ebenfalls in Form eines Comic-Bildes dar.*
Erklärt, wer oder was über den jeweiligen Sinn des Wortes entscheidet.

Andere Sprache – andere Welt?

Das Netz der Sprache

Jeder Mensch gehört durch seine Herkunft und seine Erziehung zu einer bestimmten Sprachgemeinschaft. Die Sprachphilosophie geht u. a. der Frage nach, welchen Einfluss die Sprache darauf hat, wie der Mensch die Welt sieht.

Viele der 4 000 bis 5 000 Sprachen auf unserer Erde weisen Gemeinsamkeiten und Ähnlichkeiten in ihrem Lautsystem, in den Wortbedeutungen und im Satzbau auf. Jede Sprache hat aber auch Besonderheiten, Eigenheiten, die sich in keiner anderen Sprache finden lassen. Diese Besonderheiten lassen sich mit den verschiedenen Ursprüngen und Entwicklungen der Sprachen erklären, auch mit verschiedenen Lebensumständen der Menschen, die die jeweilige Sprache sprechen. So wie die Sprache schließlich „geworden" ist, bestimmt sie auch unsere Denkgewohnheiten, unseren Blick auf die Wirklichkeit.

Der amerikanische Philosoph und Sprachforscher Benjamin Lee Whorf stellte fest, dass in unserer Sprache Substantiv – Adjektiv – Verb grundlegende grammatische Kategorien sind.

Wir ordnen diesen Begriffen gewöhnlich Entsprechungen in der Wirklichkeit zu:

- Substantiven – Dinge oder Personen
- Adjektiven – Zustände (wie ist etwas?)
- Verben – Tätigkeiten oder Prozesse.

In der Sprache der Hopi, eines nordamerikanischen Indianerstamms aus dem Navajo-Reservat in Arizona, ist dies ganz anders. Alle Prädikate, in denen Vorgänge von kurzer Dauer ausgedrückt werden, sind Verben. Es gibt also nicht die Substantive „Blitz", „Wolke", „Flamme", „Meteor" oder „Rauchwolke", sondern nur entsprechende Verben. Man sagt z. B. nicht „Die Flamme leuchtet hell", sondern „Es brennt hell". Wie würden dann wohl Aussagen über Blitze, Wolken, Meteore oder Rauchwolken aussehen?

In den europäischen Sprachen weisen die Sätze die grammatische Subjekt-Prädikat-Struktur auf. Ereignisse, die wir erfahren, verstehen wir in der Form, dass da ein oder mehrere Dinge oder Personen sind, die in einem Prozess, in einer Tätigkeit oder in einem Zustand begriffen sind.

Die Hopi dagegen können Verben in Sätzen ohne Subjekte verwenden. Die Menge solcher unpersönlichen Sätze ist gegenüber den europäischen Sprachen wesentlich größer.

A *Erläutere, was mit dem „Netz der Sprache" gemeint sein kann und inwiefern der Mensch in seiner Sprache gefangen ist.*
Was sind die Maschen dieses Netzes?
Finde Beispiele, die diese Aussagen bestätigen, und entwirf eine eigenes Netz der Sprache.

In der Sprache der Notka fehlen Substantive und Prädikate völlig: aus einfachen Sätzen als Grundkonstanten der Sprache werden komplexe Sätze gebildet.

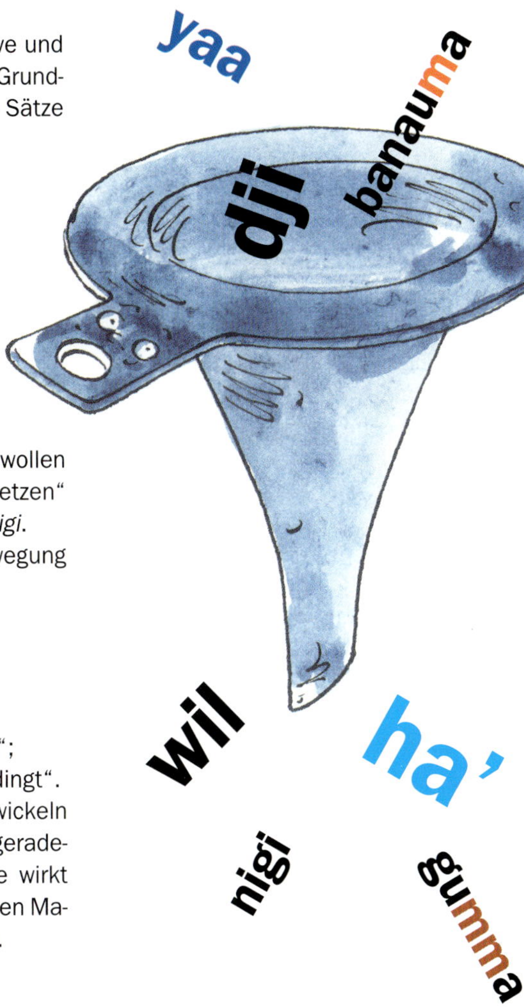

Im Yana entspricht z. B. dem Satz „Wir alle wollen unbedingt nach Westen über den Bach setzen" das Gebilde *yaabanaumawildjigummaha' nigi*.

yaa- – ist die Vorstellung von der Bewegung mehrerer Personen;
-nigi – entspricht dem Pronomen „wir";
-ha- – enthält eine Aufforderung;
-banauma- – heißt „jeder";
-dji- – bedeutet „nach Westen";
-wil- – heißt „hinüber", „über den Bach";
-gumma- – heißt „wirklich" bzw. „unbedingt".

Die Sprache kann eine prägende Kraft entwickeln und unser Philosophieren lenken. Sie ist geradezu eine Vorreiterin unserer Gedanken. Sie wirkt wie ein Netz, das wir auswerfen, und von ihren Maschen hängt ab, was sich im Netz verfängt.

Der Löwe

Q Als die Mücke zum ersten Male den Löwen brüllen hörte, da sprach sie zur Henne: „Der summt aber komisch."
„Summen ist gut", fand die Henne.
„Sondern?" fragte die Mücke.
„Er gackert", antwortete die Henne. „Aber das tut er allerdings komisch."

(Günther Anders, Schriftsteller)

A *Was meint die Mücke mit „der Löwe summt", die Henne mit „der Löwe gackert", was meinen wir mit „der Löwe brüllt"?*
Findet Gründe für diese verschiedenen Redeweisen, die ein und denselben Vorgang beschreiben sollen.

Nachdenkaufgabe:

Wie beeinflusst die Sprache die Wahrnehmung der Wirklichkeit?
Mit Wirklichkeit meinen wir Dinge, Personen oder Ereignisse, die außerhalb von uns existieren, also das, was man gewöhnlich als Welt bezeichnet.

Mit dem Zauberstab des Wortes

Kaspar. Stück

Q In meiner Geschichte wollte ich mit dem ersten Satz nur Geräusche erzeugen, während ich mich mit dem nächsten Satz schon bemerkbar machen wollte, während ich mit dem nächsten Satz schon SPRECHEN wollte, während ich mich mit dem nächsten Satz schon SPRECHEN HÖREN wollte, während ich mit dem nächsten Satz schon wollte, dass ANDERE mich sprechen hörten, während ich mit dem nächsten Satz schon wollte, dass die anderen hörten, was ich sprach, während ich mit dem nächsten Satz schon wollte, dass andere überhört wurden, die auch einen Satz sprachen, und erst den vorletzten Satz der Geschichte zum FRAGEN gebrauchte, und erst mit dem letzten Satz der Geschichte anfing zu fragen, was denn die anderen gesprochen hatten, die überhört wurden, während ich meinen Satz sprach.

(Peter Handke, österreichischer Schriftsteller)

A *Tragt mit Hilfe des Textes von Peter Handke zusammen, was sich mit einem Satz alles anfangen lässt.*
Schreibt in Arbeitsgruppen eine Szene, in der all das, was die unbekannte Figur bei Peter Handke nur „wollte", ausprobiert wird. Spielt diese Szene vor.

Wozu sich die Sprache gebrauchen lässt

Der österreichische Philosoph Ludwig Wittgenstein unterscheidet in seinen „Philosophischen Untersuchungen" von 1945–1949 Aussage-, Frage- und Befehlssätze und fragt:

Q Wie viele Arten der Sätze gibt es aber? Etwa Behauptung, Frage und Befehl? Es gibt unzählige solcher Arten, unzählige verschiedene Arten der Verwendung all dessen, was wir ... „Worte", „Sätze" nennen. [...]
Das Wort „Sprachspiel" soll hier hervorheben, dass das Sprechen der Sprache ein Teil ist einer Tätigkeit oder einer Lebensform. Führe dir die Mannigfaltigkeit der Sprachspiele an diesen Beispielen [...] vor Augen:

- Befehlen und nach Befehlen handeln
- Beschreiben eines Gegenstandes nach dem Ansehen oder nach Messungen
- Herstellen eines Gegenstandes nach einer Beschreibung
- Berichten eines Hergangs
- Über den Hergang Vermutungen anstellen
- Eine Hypothese aufstellen und prüfen
- Darstellen der Ergebnisse eines Experiments
- Eine Geschichte erfinden und lesen
- Theater spielen
- Reigen singen
- Rätsel raten
- Einen Witz machen; erzählen
- Ein [...] Rechenexempel lösen
- Aus einer Sprache in die andere übersetzen
- Bitten, danken, fluchen, grüßen, beten.

(Ludwig Wittgenstein)

A *Erweitert die Reihe der Beispiele Wittgensteins.*
Warum gehört das Theater-Spielen oder das Übersetzen oder Danken zu den „Sprachspielen"?
Erklärt, was Wittgenstein unter diesem Begriff versteht. Unterbreitet dazu einen schriftlichen Vorschlag.

Auf Wittgensteins Spuren

- Eine Frau sagt zu ihrem Mann: *„Der Mülleimer ist voll."* Darauf antwortet er: „Ich gehe ja schon."
- Ein Mann, der von einem anderen mehrmals beleidigt und gekränkt wurde, ruft aufgebracht: *„Mach nur weiter so, dann …"*
- Eine Mutter sagt am Mittagstisch zu ihrem Kind: *„Mit vollem Munde spricht man nicht."*
- Ein zum Tode Verurteilter wirft sich dem König verzweifelt zu Füßen: *„Gnade, Herr! Gnade!"*
- Der zehnjährige Max wacht des Nachts auf, weil ihm einfällt, dass er seine Hausaufgaben noch nicht erledigt hat. Er läuft zu seinen Eltern. Darauf sagt seine Mutter: *„Du willst doch nicht etwa jetzt deine Hausaufgaben machen?"*
- Max fragt seinen Freund Marc: „War dein Vater einverstanden mit unserem Vorhaben?" Darauf Marc: *„Er war Feuer und Flamme."*

A *Gestalte eine dreispaltige Tabelle auf einem DIN A4-Blatt. Die erste Spalte enthält die sechs Sätze. Die zweite und dritte Spalte füllst du selbst aus. In der zweiten Spalte trägst du ein, was der Sprecher/die Sprecherin wirklich sagen will, in der dritten, welche Tätigkeit mit dem Sprechen des jeweiligen Satzes (kursiv gedruckt) verbunden ist.*

Gulliver in Laputa

Q Zur Verbesserung der Sprache haben drei Professoren vorgeschlagen, überhaupt alle Wörter abzuschaffen, was sowohl für die Gesundheit wie in Bezug auf die Kürze sehr vorteilhaft wäre. Denn es ist klar, dass jedes Wort, das wir aussprechen, unsere Lungen durch Reibung abnützt und dadurch unsere Lebensdauer herabsetzt. Es wäre doch viel praktischer, wenn jeder die Dinge, über die er sprechen will, mit sich herumtrage.
[…] Ich habe oft Gelehrte gesehen, die wie die Trödler fast unter der Last ihrer Säcke zusammenbrachen. Treffen sie sich auf der Straße, dann legen sie die Bündel ab, öffnen die Säcke und unterhalten sich oft eine Stunde lang. Dann packen sie alles wieder ein, helfen sich gegenseitig ihre Säcke aufladen und verabschieden sich. Für kurze Unterhaltungen aber kann man die nötigen Sachen in der Tasche oder unter dem Arm mitnehmen. Und zu Hause kann überhaupt niemand in Verlegenheit geraten. Die Zimmer, in denen sich die Anhänger dieser Methode treffen, sind mit allen möglichen Dingen vollgestellt. Die sind dann rasch zur Hand und liefern genügend Stoff für diese Art der Unterhaltung.

(Jonathan Swift, irischer Schriftsteller)

A *Wenn euch die Geschichte interessiert, dann lest Jonathan Swifts Buch „Gullivers Reisen".*
Probiert den Vorschlag der drei Professoren selbst aus. Überlegt euch einen kurzen Text, den ihr euren Mitschülern „sagen" wollt. Bringt die dafür nötigen Gegenstände mit.
Die Mitschüler notieren das, was sie „verstanden" haben, lesen es vor und vergleichen es.
Was haltet ihr nun von dieser Art der Verbesserung der Sprache? Was lässt sich auf diese Weise nicht mehr sagen?
Unsere Sprache vermag offensichtlich mehr, als nur auf Dinge zu zeigen. Was kann man mit der Sprache erreichen? Wozu ist sie nützlich? Findet Beispiele für eure Aussagen.

Wenn jemand nicht mehr sprechen kann

Mit einem Zettel in der Hand

Q Am 26. Mai des Jahres 1828 erscheint auf dem Unschlittplatz in Nürnberg die verwahrloste Gestalt eines etwa 16-17-jährigen Jungen, „[...] welcher in höchst auffallender Haltung des Körpers dastand und, einem Betrunkenen ähnlich, sich vorwärts zu bewegen bemühte, ohne gehörig aufrecht stehen und seine Füße regieren zu können." [...]
Schon bald nehmen sich Polizei, Ärzte und Bürger der Stadt Nürnberg dieses Jungen an. Sowohl sein körperlicher Zustand als auch seine Fähigkeiten zu schreiben, zu lesen, zu denken und zu sprechen werden genauestens untersucht.
„Zur Bezeichnung lebender Geschöpfe, die ihm in die Sinne fielen, hatte er bloß zwei Worte, deren er sich dann und wann bediente. Was menschliche Gestalt hatte, ohne Unterschied des Geschlechts und Alters, hieß bei ihm BUA, jedes ihm aufstoßende Tier, vierfüßig oder zweibeinig, Hund, Katze, Gans oder Huhn, nannte er ROSS." [...]
„Das Wort ROSS schien in seinem Wörterbuch, das kaum ein halbes Dutzend (also sechs) Worte umfasste, den allergrößten Raum einzunehmen; bei den verschiedensten Gelegenheiten und Gegenständen, von ihm ausgesprochen, und zwar nicht selten unter Tränen, in wehmütig bittendem Tone, als drücke er damit die Sehnsucht nach irgendeinem Pferde aus. So oft man ihm eine Kleinigkeit, eine glänzende Münze, ein Band, ein Bildchen [...] schenkte, sprach er: Ross! Ross!" [...]

Kaspar Hauser bei seinem Auftauchen 1828 in Nürnberg, Radierung, koloriert, aus der Zeitschrift „Erinnerung an merkwürdige Gegenstände", 1830

Kaspar Hauser - sein Name befand sich auf einem Zettel, den er in der Hand hielt, als man ihn fand - sprach drei Sätze, die schwer zu verstehen waren. „Ä Reutä waähn, wie mei Votä wähn is“ (Ein Reiter werden, wie mein Vater gewesen ist), oder: „woas niet“ (weiß nicht) oder, was er ebenfalls in weinerlichem Ton öfters wiederholte: „hoam weissa!“ waren die einzigen Worte, die er bei den verschiedensten Veranlassungen vorbrachte.

(*Einige Zeit später berichtet Kaspar Hauser vor Gericht von seinen bisherigen Lebensumständen:*)

[...] So lange er sich entsinnen könne, habe er immer nur in einem Loch (kleinen, niedrigen Gemach, das er zuweilen auch KÄFICH nennt) gelebt, wo er, bloß mit einem Hemd und ledernen Hosen bekleidet und barfuß auf dem Boden gesessen sei. Er habe in seinem Gemach nie einen Laut gehört, weder von Menschen, noch von Tieren, noch von sonst etwas. Den Himmel habe er nie gesehen, noch habe er je eine Hellung (Sonnenlicht) wahrgenommen. Einen Unterschied zwischen Tag und Nacht habe er nie erfahren [...] Neben ihm habe sich in dem Boden ein Loch befunden, in welchem er seine Notdurft verrichtet habe. So oft er vom Schlafe erwacht, sei ein Brot neben ihm gelegen und ein Krug mit Wasser gestanden. [...] Den Mann, der ihm Essen und Trinken gebracht, habe er nie im Gesicht gesehen. In seinem Loch habe er zwei hölzerne Pferde gehabt und verschiedene Bänder dabei. [...] Seine einzige Beschäftigung sei gewesen, sie neben sich herlaufen zu lassen, und die Bänder, die er gehabt, ihnen bald so, bald anders aufzulegen [...]

(Anselm von Feuerbach, Schriftsteller)

Kaspar Hauser kurz vor dem Tod;
die Unterschrift ist seine eigene.

A *Untersucht, wie der 16-jährige Kaspar Hauser seine Sprachkenntnisse (drei Sätze und etwa sechs weitere Wörter) anwendet. Könnt ihr Unterschiede zu euch entdecken? Welche sind es?*
Nennt Ursachen für Kaspar Hausers „Sprachlosigkeit“.
Benennt die Folgen, wenn ein Mensch so wie Kaspar Hauser ohne Sprache aufwächst.
Was ist wichtig, damit ein Mensch sprechen lernt?
Schreibt eine Geschichte, in der ein Mensch sich weigert, mit anderen Menschen zu sprechen. Überlegt anhand eurer Geschichten, welche Gründe Menschen dafür haben könnten.

Sprachlos!?

Taub, blind – sprachlos?

Q Mit eineinhalb Jahren verlor Helen Keller ihr Hör- und Sehvermögen und lebte fortan in Stille und Dunkelheit. Im Laufe der Kindheitsjahre gewöhnte sich Helen ein paar einfache Zeichen als Kommunikationsmittel an. Setzte sie eine Brille auf, bedeutete es „Vater“, knotete sie die Haare, hieß das „Mutter“. Fing sie an zu zittern und rührte wild mit den Händen, bedeutete das „Eiskrem“. Sie brachte es auf etwa 60 dieser Zeichen.

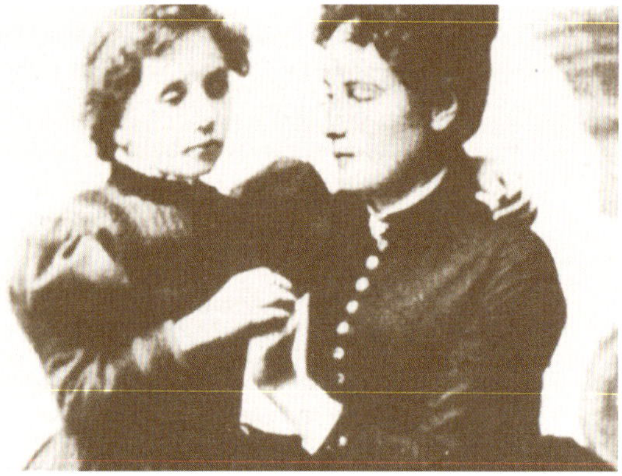

Im März 1887 kam Anne Sullivan [genannt Teacher] als Lehrerin in das Haus Keller. Sie hatte Helen eine kleine Puppe mitgebracht und buchstabierte ihr das Wort „doll“ (Puppe) per Fingeralphabet in die Hand. Dieses Fingerspiel interessierte Helen sofort und sie lernte schon bald, die ersten Begriffe zu „erfingern“. Eine Tages verstand Helen. An einem Brunnen floss kühles Wasser über ihre Hand, während ihr Teacher „Wasser“ in die andere buchstabierte. „Mit einem Male durchzuckte mich eine nebelhafte, verschwommene Erinnerung, ein Blitz des zurückliegenden Denkens, und das Geheimnis der Sprache lag plötzlich offen vor mir. Ich wusste jetzt, dass ‚Wasser‘ jenes wundervolle, kühle Etwas bedeutete, das über meine Hand strömte.“

Der nächste Schritt war der Gebrauch von Papierstreifen, auf denen die Buchstaben im Prägedruck abgebildet waren. Diese Papierbuchstaben konnte Helen zu Worten zusammensetzen und dazu die entsprechenden Gegenstände bringen oder Tätigkeiten ausführen. Bald darauf bekam sie ihre ersten Bücher im Prägedruck. So lernte sie lesen.

Schreiben lernte sie mit Hilfe hölzerner Buchstabenschablonen. Ihren ersten Brief schrieb sie von einer Reise mit ihrem Vater an ihre Mutter. Helen fing an, Tagebuch zu führen.

Schließlich bekam Helen Sprechunterricht. Fräulein Fuller verfuhr so mit ihr: Sie legte Helens Hand auf ihr eigenes Gesicht, um sie die Stellung der Zunge und der Lippen fühlen zu lassen, wenn diese einen Ton hervorbrachten. Innerhalb einer Stunde konnte Helen mehrere Sprachelemente unterscheiden und verstehen. Später lernte sie, mit ihren Fingern von den Lippen sprechender Menschen zu lesen.

Ab 1900 studierte Helen an der Radcliff-Universität. Sie beendete ihre Collegezeit 1904 mit einem erfolgreichen Abschluss und einer Auszeichnung in Englisch.

(Nach Helen Keller)

A *Wenn ihr mehr über Helens Schicksal wissen wollt, dann lest ihr Buch „Meine Welt“.*
Tragt zusammen, auf welche Weise Helen Keller lernt, sich ihrer Umwelt mitzuteilen.
Versucht einmal selbst, euch per Fingeralphabet zu verständigen oder Wörter von den Lippen eines anderen zu „lesen“. Beschreibt eure Empfindungen und Gedanken dabei.

P Besucht eine Schule für sehbehinderte oder hörgeschädigte Kinder und Jugendliche.
Beschreibt deren Lebens- und Lernsituation.
Informiert euch, wie diese Kinder heute lernen, miteinander und mit anderen zu kommunizieren.
Vergleicht die Situation dieser Kinder mit den Erfahrungen Helen Kellers. Gibt es Unterschiede?

einmal sprach ein einsamer etwas ohne worte

Bevor der stumme Autist Birger Sellin im August 1990 seine ersten Buchstaben in den Computer tippte, war er in einem Maße einsam, wie es kaum vorstellbar ist: keine Freunde, kein Sprechen mit anderen Personen. Vor seiner „Schreibzeit“ als schwachsinnig eingestuft, sendet Sellin seit einigen Jahren täglich Botschaften aus den rätselhaften Tiefen seines Innenlebens, das autistisch genannt wird, weil Birger nur auf sich selbst fixiert ist.

Q ich bin ohne schreiben kein richtiger mensch denn es ist die einzige ausdrucksweise die ich habe es ist außerdem der einzige weg zu zeigen wie ich denke aber es ist noch sehr schwer fast eine strapaze finde ich

[...] reden ist für mich wichtiger ersatz es ist eine einrichtung tote wieder zum leben zu erwecken

[...] es ist für mich so traurig dass mich niemand versteht es ist aber wichtig dass mich viele menschen verstehen ein bisschen versteht mich achim aber nicht genug und die anderen geben sich gar keine mühe mehr mit einem wie mir es ist zum verzweifeln

[...] richtig schreiben will ich auf alle fälle lernen denn es ist der weg zur selbstständigkeit ... wie birger in der einsamkeit denkt weil es diese welt einfach wissen soll es ist wie lebendig begraben sein die einsamkeit eines autisten es ist wie ein wuchernder erdklumpen auf der seele

[...] einmal erlebte ich in dieser ubahn wie mich eine frau liebevoll ansah das war so schön ich denke sehr oft ganz glaubensfroh daran und werde es nicht vergessen aber viele blicke sind so schwer zu ertragen und bringen ohnegleichen leid mit sich

[...] ich liebe die sprache über alles
sie vermittelt zwischen den menschen
eine sprache gibt uns würde und individualität
ich bin ohne sprache nichts

[...] ich dichte erst jetzt ein lied über die freude am sprechen

ein lied für stumme autisten zu singen in anstalten und irrenhäusern ...

ich singe das lied aus der tiefe der hölle und rufe alle stummen dieser welt ...

taut die eisigen mauern auf und wehrt euch ausgestoßen zu werden

wir wollen eine neue generation der stummen sein ...

ich dichte für meine stummen schwestern und für meine stummen brüder

uns soll man hören und einen platz geben wo wir unter euch allen wohnen dürfen

(Birger Sellin)

A *Auf welche Weise bemüht sich Birger Sellin, mit seiner Umwelt zu kommunizieren?*
Welche Bedeutung hat das Schreiben, das Birger Sellin „reden“ nennt, für ihn?
Welche Möglichkeiten haben wir, mit behinderten Menschen wie Birger zu kommunizieren?
Stellt euch vor, ihr würdet euer Sprechvermögen verlieren. Denkt mit Hilfe dieses Gedankenexperimentes darüber nach, welche Bedeutung sprechen, schreiben, mit anderen zu reden für euch hat. Versucht eure Gedanken und Empfindungen in die Form eines Gedichtes oder einer Zeichnung zu bringen.

Wege in vergangene Welten

Erzähl mir doch keine Märchen

Q Eine Witwe hatte zwei Töchter, davon war die eine schön und fleißig, die andere hässlich und faul. Sie hatte aber die hässliche und faule, weil sie ihre rechte Tochter war, viel lieber, und die andere musste alle Arbeit tun. Das arme Mädchen musste sich täglich auf die große Straße bei einem Brunnen setzen und musste so viel spinnen, dass ihm das Blut aus den Fingern sprang.

(Brüder Grimm)

Q Ach, was musste sie da erblicken! Die Haustüre stand sperrweit auf: Tisch, Stühle und Bänke waren umgeworfen, die Waschschüssel lag in Scherben, Decke und Kissen waren aus dem Bett herausgezogen. Sie suchte ihre Kinder, aber nirgends waren sie zu finden. Sie rief sie nacheinander beim Namen, aber niemand antwortete.

(Brüder Grimm)

A *Zu welchen Märchen gehören diese Auszüge? Tragt zusammen, was ihr über die Entstehungszeit, die „Autoren“ und typische Merkmale deutscher Volksmärchen wisst. Erläutert, inwiefern Sprache uns „Wege in vergangene Welten“ weist.*

Q „Nun“, sagte der Schneider, „hat die Ziege ihr gehöriges Futter?“ „Oh“, antwortete der Sohn, „die ist so satt, sie mag kein Blatt.“ Der Vater aber wollte sich selbst überzeugen, ging hinab in den Stall, streichelte das liebe Tier und fragte: „Ziege, bist du auch satt?“ Die Ziege antwortete:

„Wovon sollt ich satt sein?
Ich sprang nur über Gräbelein
und fand kein einzig Blättelein:
mäh! mäh!“

„Was muss ich hören!“ rief der Schneider, lief hinauf und sprach zu dem Jungen: „Ei, du Lügner sagst, die Ziege wäre satt, und hast sie hungern lassen?“ Und in seinem Zorn nahm er die Elle von der Wand und jagte ihn mit Schlägen hinaus.

(Brüder Grimm)

Q Der König und die Königin, die eben heimgekommen und in den Saal getreten waren, fingen an einzuschlafen und der ganze Hofstaat mit ihnen. Da schliefen auch die Pferde im Stall, die Hunde im Hofe, die Tauben auf dem Dache, die Fliegen an der Wand, ja, das Feuer, das auf dem Herde flackerte, ward still und schlief ein. Und der Braten hörte auf zu brutzeln, und der Koch, der den Küchenjungen, weil er etwas versehen hatte, an den Haaren ziehen wollte, ließ ihn los und schlief.

(Brüder Grimm)

P Untersucht die Märchen-Ausschnitte daraufhin, wie Erwachsene/Eltern mit Kindern umgehen. Welche Vorstellungen von Kindererziehung vermitteln die Märchen?

Sprache vermittelt Traditionen

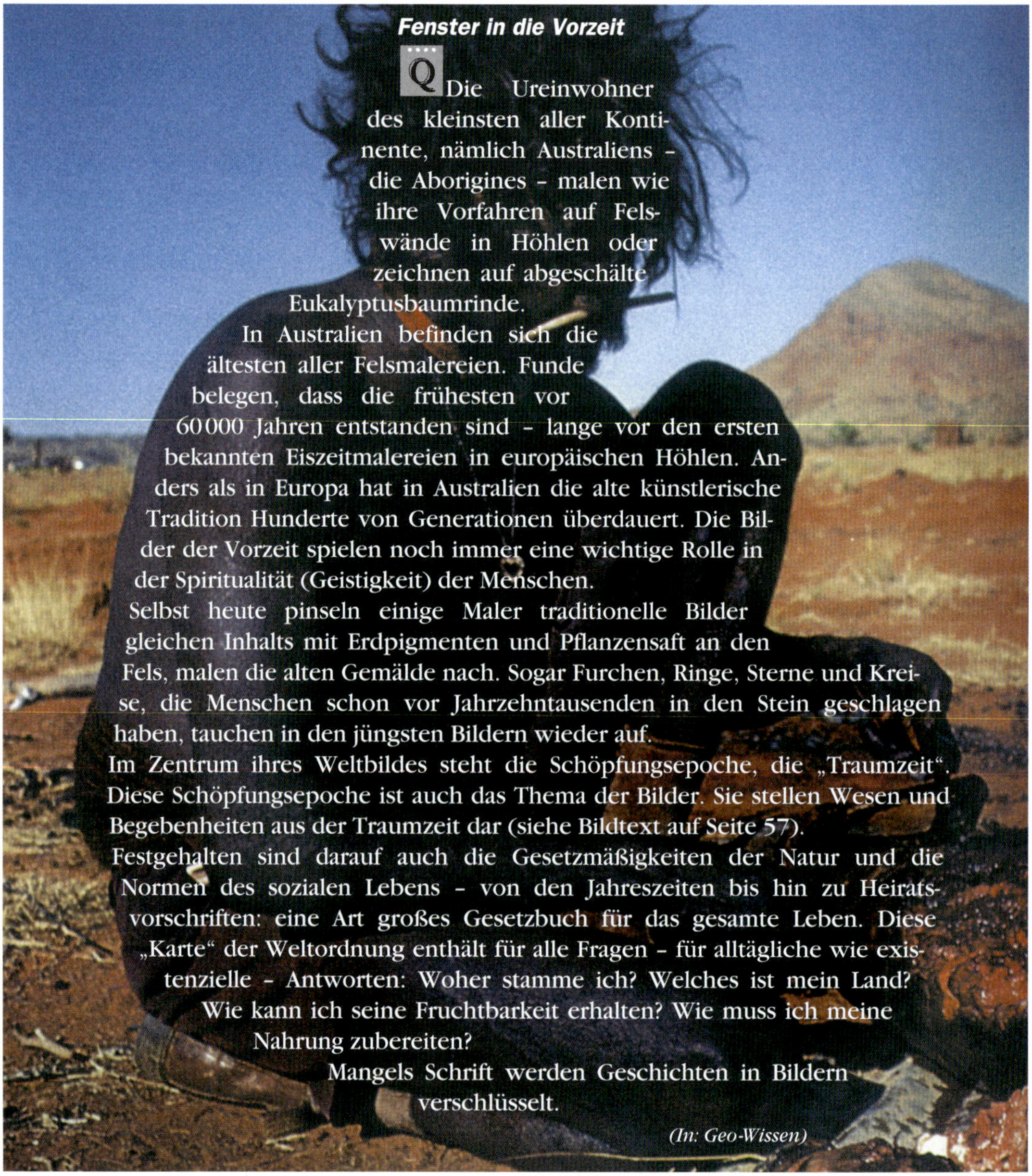

Fenster in die Vorzeit

Q Die Ureinwohner des kleinsten aller Kontinente, nämlich Australiens – die Aborigines – malen wie ihre Vorfahren auf Felswände in Höhlen oder zeichnen auf abgeschälte Eukalyptusbaumrinde.

In Australien befinden sich die ältesten aller Felsmalereien. Funde belegen, dass die frühesten vor 60000 Jahren entstanden sind – lange vor den ersten bekannten Eiszeitmalereien in europäischen Höhlen. Anders als in Europa hat in Australien die alte künstlerische Tradition Hunderte von Generationen überdauert. Die Bilder der Vorzeit spielen noch immer eine wichtige Rolle in der Spiritualität (Geistigkeit) der Menschen.

Selbst heute pinseln einige Maler traditionelle Bilder gleichen Inhalts mit Erdpigmenten und Pflanzensaft an den Fels, malen die alten Gemälde nach. Sogar Furchen, Ringe, Sterne und Kreise, die Menschen schon vor Jahrzehntausenden in den Stein geschlagen haben, tauchen in den jüngsten Bildern wieder auf.

Im Zentrum ihres Weltbildes steht die Schöpfungsepoche, die „Traumzeit". Diese Schöpfungsepoche ist auch das Thema der Bilder. Sie stellen Wesen und Begebenheiten aus der Traumzeit dar (siehe Bildtext auf Seite 57). Festgehalten sind darauf auch die Gesetzmäßigkeiten der Natur und die Normen des sozialen Lebens – von den Jahreszeiten bis hin zu Heiratsvorschriften: eine Art großes Gesetzbuch für das gesamte Leben. Diese „Karte" der Weltordnung enthält für alle Fragen – für alltägliche wie existenzielle – Antworten: Woher stamme ich? Welches ist mein Land? Wie kann ich seine Fruchtbarkeit erhalten? Wie muss ich meine Nahrung zubereiten?

Mangels Schrift werden Geschichten in Bildern verschlüsselt.

(In: Geo-Wissen)

A *Probiert selbst einmal aus, euch mittels einfacher Zeichnungen bzw. einfach gestalteter Bilder zu „unterhalten".*
Zeichnet oder malt etwas, was ihr einem oder allen Klassenkameraden mitteilen wollt. Diese sollen eure Zeichnungen und Bilder nun „lesen" und sagen, was sie „verstanden" haben.
Was müssen die heutigen Aborigines wissen, um sich die Informationen aus der Malerei ihrer Urahnen nutzbar zu machen?
Was ist für uns nötig, damit wir die „Sprachen" fremder Kulturen oder die Überlieferungen unserer eigenen Kultur aus fremden, längst vergangenen Zeiten verstehen?

Natursymbole der Aborigines

Aborigines-Künstler „erzählen“ in ihren Bildern die Schöpfungsmythen. Statt der Worte benutzen sie Natursymbole, denn für sie sind in Bäumen, Felsen und Gewässern die Ahnen verkörpert.

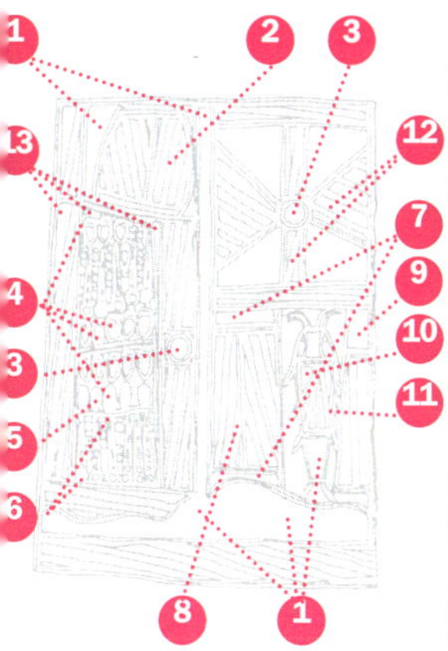

In „Heilige Plätze bei Milmindjarr'“ (1982) zeigt David Malangi die Schöpferreise der Djan'kawu-Schwestern, die vom Meer (1) zu einer Insel (2) mit kleinen Flüssen (13) gekommen sind, dort einen Brunnen gegraben (3), Gräser, Knollen, Blätter gegessen (4, 5, 6) und Welse gefangen haben (9, 10: die Wels-Leber). Schraffuren (8) zeigen die „Clanfarben“ des Künstlers. Andere „heilige“ Einzelheiten (7, 11, 12) verrät Malangi nicht. Die feinen weißen Striche sollen magische Kraft ausstrahlen.

A *Seht euch zuerst die rechte Abbildung genau an. Diese Zeichnung aus feinen weißen Strichen stellt einen Schöpfungsmythos dar. Schreibt zu diesem Bild eine Schöpfungsgeschichte. Vergleicht eure Geschichte, also eure Deutung des Bildes, mit den angegebenen Erläuterungen. Was stellt ihr fest?*

Der Mann – die Männin?

Die beste Frau ist die, die nicht spricht

Q Reden wir anders als Männer? Reden wir anders mit Frauen als mit Männern? Wie reden Männer mit uns? Wie wird über uns geredet?
Anscheinend reden Frauen anders als Männer, denn nur über sie wird gesagt, dass sie wie Hühner gackern oder wie Gänse schnattern, dass sie klatschen, quasseln, tratschen und schwätzen. Das sind allesamt Ausdrücke dafür, dass sie viel reden und dabei wenig sagen.
Ganz im Gegenteil zu Männern. Männer reden weder zu viel noch triviales Zeug; ihre Aussagen sind zuverlässig und haben Gewicht: ein Mann - ein Wort (eine Frau - ein Wörterbuch). Auf das Manneswort ist Verlass. Es kommt vom Ehrenmann ...
Wir werden auch abgewertet als alte Jungfern, Frauenzimmer, Hexen, leichte Mädchen, Freudenmädchen, Emanzen, Kaffeetanten, dumme Gänse, Blondinen. Wir werden abgewertet und missachtet, wenn *Man(n)* uns über unsere Körperteile wie den Busen oder die langen Beine definiert.
Über uns sehen geflügelte Worte so aus: Dienen lerne beizeiten das Weib, ein gebrechlich Wesen ist das Weib, es ist keine List über Weiberlist, Schwachheit, dein Nam' sei Weib usw.
Diese Vorstellungen sitzen tief in uns. Sie beeinflussen unsere Verhaltensweisen. Da Frauen in allen Berufsbereichen in den gehobenen Positionen die Ausnahme sind, tut man sich schwer, sie korrekt anzusprechen, ihnen zuzuhören und einfach angemessen mit ihnen umzugehen.

(Senta Trömel-Plötz, Publizistin)

A *Notiert, was euch beim ersten Lesen des Textes durch den Kopf geht.*
Lest noch einmal die ersten drei Fragen dieses Textes. Bezieht sie auf Jungen und Mädchen. Welche Antworten würdet ihr geben?
Wie antwortet Senta Trömel-Plötz auf die von ihr selbst gestellten Fragen?
Welche Ursachen zeigt sie auf? Findet weitere. Nutzt dazu auch die folgende Seite.
Entwerft eine Rede zum Thema „Mädchen und Jungen in der Schule“, in der ihr dazu ermuntert, bewusster mit der Sprache umzugehen und auf Veränderungen hinzuarbeiten.

Wort	Bedeutung im Mittelhochdeutschen	Bedeutung im 18./19. Jahrhundert	gegenwärtige Bedeutung
Fräulein	„vrouwelin“ junge Dame von Stande	nicht verheiratete Frau im heiratsfähigen Alter	?
Weib	„wip“ Bezeichnung für einen Menschen weiblichen Geschlechts, d. h. eine Frau	Frau mit sexueller Erfahrung, unabhängig davon, ob sie verheiratet ist oder nicht	
Frau	„vrowe“ oder „vrouwe“ Bezeichnung für eine adlige Herrin oder Gebieterin	die rechtmäßige Ehefrau	

Vervollständigt die Tabelle in eurem Heft und wertet eure Ergebnisse aus. Die deutsche Sprache ist historisch gewachsen. In den Bedeutungen ihrer Wörter bewahrt und übermittelt sie Vorstellungen und Wertschätzungen früherer Zeiten. Erläutert diese Aussage anhand der Ausführungen in der Tabelle.

In der Gegenwart lassen sich immer wieder Beispiele für einen Sprachgebrauch finden, der mädchen- bzw. frauenfeindlich ist. Hier eine Auswahl solcher Redewendungen:

Liebe Kollegen!
Die Männer des 20. Juli …
Der weiße Mann …
Der kluge Mann baut vor.
Regierungsmannschaft
Kaufmann gesucht
Bürger

Das schwache Geschlecht
Unsere Tennisdamen
Mannweib
Dummes Weibsbild
Weibergeschwätz
Klatschbase
Mädchen für alles

Worin äußert sich in den beiden Beispielblöcken Geringschätzung von Frauen? Ergänzt die Tabelle mit eigenen Beispielen. Findet sprachliche Alternativen und notiert sie in der zweiten Spalte der Tabelle.

2. Was soll ich tun?

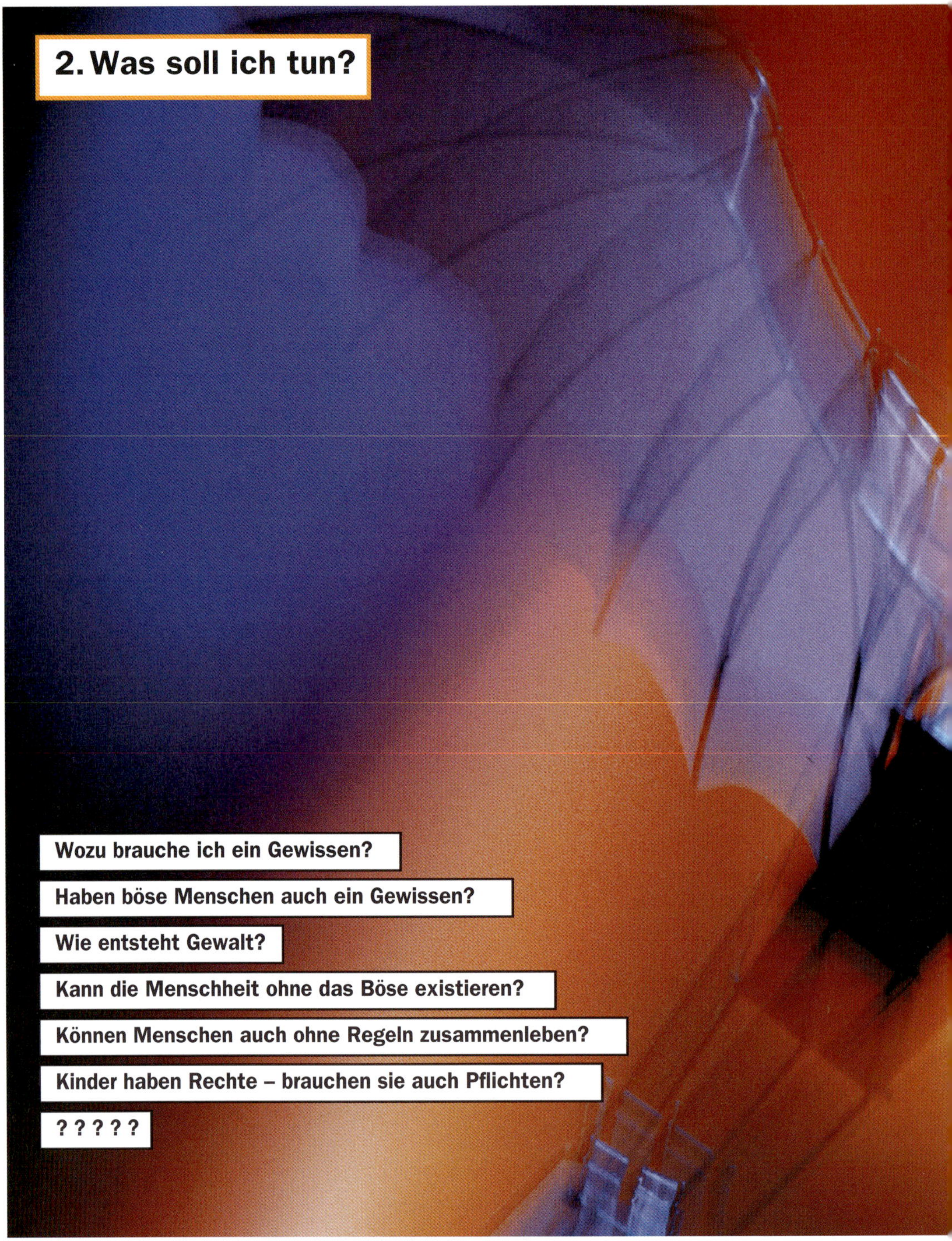

A *Sucht euch eine Frage aus und versucht sie weiterzudenken, indem ihr verschiedene Zusatzfragen stellt.*

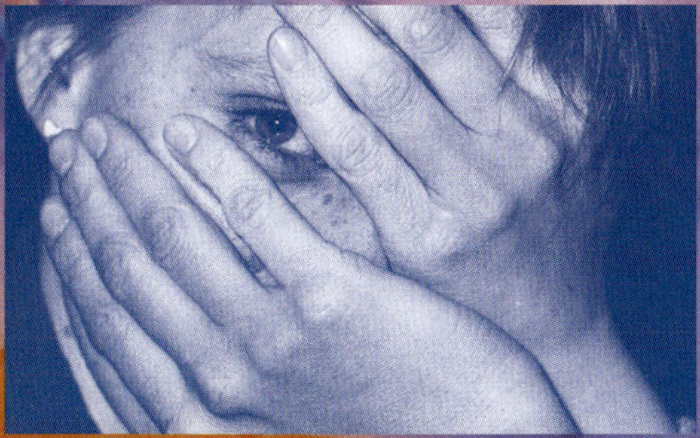

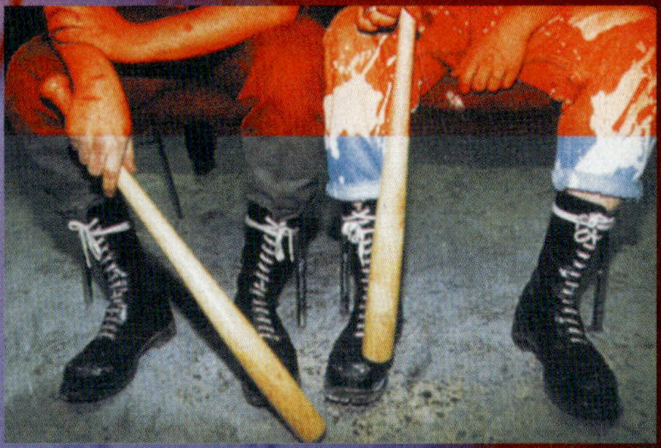

- *Was verstehe ich unter Recht?*
- *Was verstehe ich unter Pflicht?*
- *Welche Rechte haben Kinder?*

2.1 Das Gewissen – meine innere Stimme

Wie soll ich handeln?

Von den drei Arten des Guten

In Platons Werk „Der Staat“ führt der Philosoph Sokrates ein Gespräch mit Glaukon, einem Bruder des Philosophen Platon:

Luca della Robbia, „Logik und Dialektik“, Relief, 1437/38

Q

Glaukon: Gibt es deiner Meinung nach ein Gut, das wir nicht seiner Folgen willen begehren, sondern nur um seiner selbst willen? Wie etwa die Freude ...

Sokrates: Das meine ich wohl.

Glaukon: Gibt es weiter ein Gut, das wir um seiner selbst willen lieben und wegen seiner Folgen? Wie etwa die Einsicht, das Sehen, das Gesundsein? Derartiges lieben wir doch aus beiden Gründen?

Sokrates: Ja!

Glaukon: Und anerkennst du noch eine dritte Art, wozu die Leibesübungen gehören und die Mühen, die wir als Kranke wegen der Gesundung auf uns nehmen, die Tätigkeit in der Heilkunst und schließlich in den Erwerbsberufen? Denn wir halten diese Güter für mühevoll, aber auch für nützlich und würden sie um ihrer selbst willen nicht begehren, sondern nur wegen ihres Geldertrages und anderer Folgen.

Sokrates: Auch diese dritte Art gibt es.

(Platon, griechischer Philosoph)

A

Formuliert mit eigenen Worten, welche drei Arten des Guten Glaukon und Sokrates ausfindig gemacht haben.

Nennt weitere Beispiele für diese Güter des Menschen.

Ich schwöre ab ...

Q Der Mann, den man an jenem Sommertag des Jahres 1633 aus den Verliesen des Vatikan holt, ist halbblind durch die monatelange Dunkelhaft und seine Glieder sind zerschunden von der Folter. Man schleppt ihn vor das Inquisitionsgericht, zieht ihm nach der Verkündung des Urteils das Büßerhemd an und zwingt ihn, eine Erklärung zu verlesen, wonach die Erde sich nicht um die Sonne dreht. Dieser Mann war der große italienische Physiker Galileo Galilei.

Seit der Antike galt die Erde als der unbewegliche Mittelpunkt der Welt. Das war ein System, das den Kirchenvätern gut gefiel, stimmte es doch mit dem überein, was die Bibel offenbarte.

Folter im Mittelalter

Galilei aber hatte aufgrund astronomischer Beobachtungen, nach gründlicher Auseinandersetzung mit den antiken Autoren und mathematischen Berechnungen erkannt, dass die Sonne den Mittelpunkt der Planetenbahnen bildet und auch die Erde um sie kreist.

In seinen Schriften, die diese Erkenntnis verbreiten sollten, benutzte er nicht das für Wissenschaftler übliche Latein. Er schrieb sie auf Italienisch, damit sie auch das Volk lesen und begreifen konnte.

Dafür wurde er der Ketzerei angeklagt. Die Folterwerkzeuge und den sicheren Tod auf dem Scheiterhaufen vor Augen widerruft Galilei öffentlich seine Lehre: „Ich schwöre ab, verwünsche und verfluche mit redlichem Herzen alle diese Irrtümer und Ketzereien.“

(Nach Siegfried Fischer-Fabian)

Galileis Arbeitszimmer (Rekonstruktion)

A *Hat Galilei eurer Meinung nach gut gehandelt? Warum? Warum nicht?*

Weitere Bestimmungen des Guten

- Gut ist, was in Übereinstimmung mit den geltenden Gesetzen geschieht.
- Gut ist, was hilft, Not zu lindern.
- Gut ist, was für die Allgemeinheit von Nutzen ist.
- Gut ist, was in Übereinstimmung mit dem eigenen Gewissen geschieht.

A *Ergänzt diese Bestimmungen.*
Prüft noch einmal die Verhaltensweise Galileis. Handelt er nach diesen Definitionen gut?
Welcher Definition gebt ihr den Vorrang? Begründet eure Ansicht.

Das Gewissen ist ein gefährlich' Ding

Ein sanftes Ruhekissen?

Begriffe: die Fähigkeit – sanftes Ruhekissen – der Mahner – der einzige Spiegel – die Wunde – der einzige Seelenschmerz – Kläger, Richter und Henker – eine Stimme – selbst auferlegten Forderung – die beste Voraussetzung

A *Schreibt die Sätze in euer Heft und vervollständigt sie durch die passenden Begriffe.*
Ordnet und sammelt die vorgegebenen Begriffe unter Oberbegriffe. Was wird dabei über die Auffassungen zum Gewissen deutlich?
Sucht euch den Satz heraus, dem ihr am ehesten und dem ihr überhaupt nicht zustimmen würdet, und notiert eure Einfälle dazu.
Diskutiert eure Wahl und eure Einfälle in der Klasse.

Das Gewissen als Richter

Schopenhauer und Kant

Der deutsche Philosoph *Immanuel Kant* war der Ansicht, jeder besitze ein Gewissen. Es ist ursprünglich in einem jeden Menschen, es ist uns angeboren und somit eine „unausbleibliche Tatsache“. Auf sein Gewissen zu hören bedeutet, sich selbst zu fragen, ob etwas Pflicht ist oder nicht. Es bedeutet, selbst darüber nachzudenken, ob ich meine Taten als gut oder schlecht beurteile, ob ich mich an ein Gesetz halte oder es missachte, ob ich Regeln einhalte oder gegen sie verstoße. Das Gewissen fordert: Erforsche dich selbst! Erforsche dein Herz – ob es gut oder böse ist!
Was heißt dann aber, jemand ist „gewissenlos“ oder „jemand hat kein Gewissen“?
Damit ist gemeint: Er hat sehr wohl ein Gewissen, aber er kümmert sich nicht um das, was es ihm sagt oder rät zu tun. Jeder Mensch, so meint Kant, hat ein Gewissen. Ein jeder vermag darüber nachzudenken und selbst zu entscheiden, was seine Pflicht ist, aber nicht jeder handelt auch danach.

(Nach Immanuel Kant)

Arthur Schopenhauer hat lange über diese Gedanken nachgedacht und Kant heftig kritisiert. In jedem, selbst dem besten Menschen steigen nach seiner Auffassung „unreine, niedrige, boshafte Gedanken und Wünsche auf“. Deshalb muss man kein schlechtes Gewissen haben, deshalb braucht man sich nicht zu schämen. „An den Taten allein lernt ein jeder sich selbst, so wie die anderen ... kennen, und nur sie belasten das Gewissen.“ Unsere Gedanken bleiben verborgen, aber unsere Taten sind uns gewiss, d. h. sie werden von uns und anderen gewusst. Unser Gewissen spricht zu uns „eigentlich erst hinterher“, nämlich nach einer Tat. Erst wenn ich weiß, was ich getan habe, kann ich Angst, Qual und Reue empfinden, kann ich mir innere Vorwürfe über das Getane machen.
Woher kommen aber Angst, Qual und Reue über eine schlechte Tat? Woher habe ich mein Gewissen, wenn es mir doch nicht angeboren ist?
Schopenhauers Antwort lautet: Was manch einer für sein Gewissen hält, ist eigentlich zusammengesetzt aus Menschenfurcht, Gottesfurcht, Vorurteil, Eitelkeit und Gewohnheit.

A *Vergleicht die Auffassungen Kants und Schopenhauers. Worin bestehen die Unterschiede? Gibt es Gemeinsamkeiten?*
Wem könnt ihr zustimmen und warum?
Erzählt Situationen aus eurem eigenen Leben, in denen ihr eine Gewissensentscheidung treffen musstet.
Findet Beispiele für Taten gewissenloser Menschen im Sinne Kants.
Wie beurteilt ihr die Auffassung Schopenhauers, dass „boshafte Gedanken“ keine Belastung des Gewissens darstellen?

Der innere Gerichtshof

Nach zwanzig Jahren

Q Der Streifenpolizist schritt gewichtig die Straße hinauf. Er hatte gerade die Mitte eines Häuserblocks erreicht, da stockten seine Schritte. Im Eingang einer unbeleuchteten Eisenwarenhandlung lehnte ein Mann. Als der Polizist auf ihn zuging, begann der Mann hastig zu sprechen. „Alles in Ordnung, Wachtmeister“, versicherte er. „Ich warte bloß auf einen Freund. Vor zwanzig Jahren haben wir uns verabredet.“ Der Mann im Türeingang ließ ein Streichholz aufflammen und zündete eine Zigarre an. Der Lichtschein erhellte ein blasses Gesicht mit kantigem Unterkiefer und einer kleinen weißen Narbe dicht an der rechten Augenbraue. „Genau heute vor zwanzig Jahren“, sagte er, „habe ich hier in Big Joe Brady's Restaurant mit Jimmy Wells gesessen, meinem besten Freund und dem anständigsten Burschen der Welt. Wir beide waren wie Brüder zusammen hier in New York aufgewachsen. Wir verabredeten damals, dass wir uns hier in genau zwanzig Jahren treffen wollten, egal, in welcher Lebenslage wir uns befinden würden und wie weit der Weg auch sein mochte.“ „Hört sich ganz interessant an“, sagte der Polizist. „Haben Sie seither nicht mal etwas von Ihrem Freund gehört?“ „Doch, doch, eine Zeit lang haben wir uns geschrieben“, sagte der andere. „Aber nach ein, zwei Jahren verloren wir uns aus den Augen. Aber ich weiß bestimmt, dass ich Jimmy hier treffen werde, er war immer der treueste und zuverlässigste Bursche auf Erden. Ich bin tausend Meilen gereist, um heute Abend an dieser Tür zu warten, und es hat sich schon gelohnt, wenn mein alter Kamerad auftaucht.“ „Ist ihnen wohl ganz gut gegangen, dort draußen im Westen?“ fragte der Polizist. „Ich habe mich mit den härtesten Burschen auseinandersetzen müssen, um mein Geld zu machen. Der Westen stählt den Mann.“ Der Polizist schlenkerte den Gummiknüppel. „Ich muss jetzt weiter. Hoffe, Ihr Freund kommt wirklich.“

Der Mann mit der Zigarre wartete etwa zwanzig Minuten. Dann kam ein großer Kerl eilig von der anderen Straßenseite herüber. Er ging geradewegs auf den wartenden Mann zu. „Bist du es, Bob?“ fragte er zweifelnd. „Bist du es, Jimmy Wells?“ erwiderte der Mann an der Tür. „Wahrhaftig, es ist Bob“, rief der Neuankömmling. „Ich war sicher, dich hier zu finden, falls du überhaupt noch lebtest. Wie hat dich der Westen behandelt, alter Junge?“

„Großartig. Ich habe alles von ihm bekommen, was ich wollte. Du hast dich mächtig verändert, Jimmy. ... Sie sind gar nicht Jimmy Wells“, stieß er plötzlich hervor. „Zwanzig Jahre sind eine lange Zeit, aber nicht lange genug, um aus einem krummen Zinken eine Stülpnase zu machen.“

„Doch manchmal lange genug, um aus einem guten Menschen einen schlechten zu machen“, antwortete der große Kerl. „Du bist seit zehn Minuten verhaftet, Seiden-Bob. In Chicago hatten sie den Verdacht, du könntest uns vor die Füße laufen, und sie haben uns telegrafiert. Aber, ehe wir zum Revier gehen, hier ist eine Nachricht für dich. Sie kommt von Wachtmeister Wells.“

Der Mann aus dem Westen entfaltete das Stück Papier: „Bob, ich war rechtzeitig am verabredeten Ort. Als du das Streichholz für deine Zigarre anzündetest, erkannte ich das Gesicht des Mannes, der in Chicago gesucht wird. Irgendwie brachte ich es nicht über mich, die Sache selbst zu erledigen. Deshalb ging ich und schickte einen Detektiv. Jimmy“

(Nach O. Henry)

A *Worin besteht die Gewissensentscheidung, die Wachtmeister Jimmy Wells in dieser Geschichte zu fällen hat?*
Wie beurteilt ihr die Entscheidung des Wachtmeisters? Hat er seinen langjährigen Freund verraten?
Hätte er anders handeln können oder sollen? Wenn ja, wie?
Erläutert anhand der Geschichte „Nach zwanzig Jahren“, was es heißt, seinem Gewissen zu folgen.

Gewissen als Gerichtshof?

Das Gewissen ist der innere Gerichtshof eines Menschen, vor welchem sich seine Gedanken gegenseitig verklagen oder entschuldigen. Durch sein Gewissen findet sich der Mensch wie durch einen inneren Richter beobachtet und bedroht. Dies meint Immanuel Kant, dessen Auffassungen ihr bereits kennen gelernt habt.
Bei einer Gerichtsverhandlung sind die wichtigsten Personen der Angeklagte, der Ankläger, oft ist dies ein Staatsanwalt, und der Richter. Vor dem Gerichtshof des Gewissens sind in mir, als einem Menschen mit Gewissenszweifeln, alle drei Personen gleichzeitig vereinigt.
Ich selbst bin der Ankläger, der behauptet: Du hast vor, etwas Falsches, etwas Böses zu tun.
Ich selbst bin aber auch der Angeklagte, der widerspricht: Nein, böse ist es nicht. Gut, nützlich oder vernünftig ist es, was ich vorhabe.
Ich selbst schließlich bin der Richter, der nun ein Urteil zu fällen hat. Wie soll das ausfallen? Wie soll er sich entscheiden? Was kann ihm behilflich sein? Eine komplizierte, eine vertrackte Situation.

(Nach Immanuel Kant)

A *Spielt die Geschichte „Nach zwanzig Jahren" in Form einer Gerichtsverhandlung nach. Zu welchem Urteil kommt euer Richter? Lasst ihn seine Urteilsbegründung vorlesen.*
Vergleicht die Urteilsbegründungen der Richter eurer Klasse. Überlegt dabei in den einzelnen Fällen: Was war der entscheidende Grund für das Urteil?

Interessantes über Immanuel Kant (1724–1804)

Kant wurde in Königsberg geboren, lebte, arbeitete und verstarb dort. Er hat seinen Heimatkreis in seinem Leben nicht verlassen.
Durch die ausgedehnte Lektüre von Reisebeschreibungen und eine rege Fantasie gelang es ihm, einmal einen Engländer zu verblüffen: Er schilderte diesem die Londoner Westminster Bridge so exakt, dass dieser glaubte, er habe einen Architekten vor sich, der lange in London gelebt hatte.
In welche Gegenden menschlichen Geistes er jedoch in Gedanken reiste, davon zeugen seine überaus klugen Bücher.

(Nach Uwe Schultz, Schriftsteller)

Kann das Gewissen alles entscheiden?

Viermal handeln

Sara besucht das Gymnasium. Sie hat große Probleme beim Lernen, bekommt häufig schlechte Noten, wird mit der Zeit immer trauriger, ist enttäuscht und verliert an Selbstbewusstsein. Saras Eltern verlangen, dass sie nicht die Schule wechselt, sondern am Gymnasium verbleibt. Sie wollen nur das Beste für ihre Tochter, und eine gute schulische Ausbildung gehört nach ihrer Meinung dazu.

Peters Eltern sind arbeitslos. Er möchte sie finanziell unterstützen. Um sich sein Taschen- und Essengeld selbst zu verdienen, trägt er noch vor dem Unterricht Zeitungen aus und arbeitet am Nachmittag in der Autowaschanlage einer Tankstelle. Schon bald verschlechtern sich seine schulischen Leistungen, da für Hausaufgaben und Lernen kaum noch Zeit bleibt.

Auf einer Schulparty: Jonas und Jakob wollen ein bisschen „Stimmung" und „Action" in die Feier bringen und lösen heimlich einen Feueralarm aus. Als die Feuerwehr kommt, stellt sich heraus, dass der Schulkeller aufgrund eines Kurzschlusses der Elektroanlage in Flammen steht. Eine größere Brandkatastrophe konnte gerade noch rechtzeitig verhindert werden.

Maria und Anna sind seit langem die besten Freundinnen. Bald hat Maria Geburtstag und wünscht sich die neuste CD ihrer Lieblingsband. Anna bekommt nur sehr wenig Taschengeld. Deshalb stiehlt sie die CD im Warenhaus. Sie macht ihrer besten Freundin auf diese Weise eine Freude und erfüllt ihr einen großen Wunsch.

A *Untersucht, wie sich Saras Eltern, Peter, Anna, Jakob und Jonas verhalten. Bezieht folgende Fragen in eure Überlegungen ein: Was sind die Gründe ihres Handelns? Welche Folgen ergeben sich daraus?*
Wie beurteilt ihr das Verhalten der genannten Personen? Führt Gründe für euer Urteil an.
Stellt euch vor, ein Mensch rechtfertigt jede seiner Handlungen – ob gut oder schlecht – mit dem Satz: „Ich bin doch nur meinem Gewissen gefolgt." Was würdet ihr ihm antworten?

Ich hatte den Befehl bekommen

Q Ich wurde von meinem Vater nach strengen militärischen Grundsätzen erzogen. Von meinen Eltern war ich so erzogen, dass ich allen Erwachsenen und besonders Älteren mit Achtung und Ehrerbietung zu begegnen hätte. Schon von klein auf wurde ich zu einem festen Pflichtbewusstsein erzogen. Es wurde in meinem Elternhaus streng darauf geachtet, dass alle Aufträge genau und gewissenhaft ausgeführt wurden. Jeder hatte immer einen gewissen Pflichtenkreis. Mein Vater achtete besonders darauf, dass ich alle seine Anordnungen und seine Wünsche peinlichst befolgte.
Der RFSS (Reichsführer der Sturmstaffel, Heinrich Himmler) verlangte auch Pflichterfüllung, Einsatz der ganzen Person bis zur Selbstaufgabe. Jeder in Deutschland hatte sich voll und ganz einzusetzen, dass wir den Krieg gewinnen konnten.
Nach dem Willen des Reichsführers SS wurde Auschwitz die größte Menschen-Vernichtungsanlage aller Zeiten. Als er mir im Sommer 1941 persönlich den Befehl erteilte, in Auschwitz einen Platz zur Massenvernichtung vorzubereiten und diese Vernichtung durchzuführen, konnte ich mir nicht die geringsten Vorstellungen über die Ausmaße und Auswirkungen machen. Wohl war dieser Befehl etwas Ungewöhnliches, etwas Ungeheuerliches. Ich stellte damals keine Überlegungen an – ich hatte den Befehl bekommen – und hatte ihn durchzuführen.

(Rudolf Höss, Kommandant in Auschwitz)

A *Wie begründet Rudolf Höss, der für den grausamen Tod von Millionen unschuldiger Menschen verantwortlich ist, seine Tat?*
Beurteilt seine Begründung. Hätte er anders handeln können?
Rudolf Höss bezieht seine verbrecherischen Handlungen auf sein Gewissen. Kann das Gewissen auch irren?
Informiert euch über das Leben von Kindern und Jugendlichen in der Zeit des Nationalsozialismus. Denkt darüber nach, wie damals das Gewissen von Menschen missbraucht wurde.

Ein Lesetipp

„Jankele lebt!“ von Jack Kuper, Leipzig 1998

Schuldig werden

... ganz aus Versehen passiert

Q Im Spiel mit einem seiner Kinder, das des Gehens noch unfähig ist, wirft ein Mann dasselbe empor und fängt es. Als er, von der Freude des Kindes am Spiel bewogen, den Vorgang wiederholt, rutscht ihm im Fall das Kind aus der Hand, schlägt auf dem Boden auf und ist tot.

Der Mann wird wegen fahrlässiger Tötung vor Gericht gestellt. Wie er, vom Richter aufgefordert, den Hergang des Unglücks erzählen soll, nimmt er zur Veranschaulichung seiner Erzählung und um sich zudem von jeder Schuld reinzuwaschen seiner gleichfalls im Saal anwesenden Gattin das andere Kind vom Arm, tritt vor und wirft es in die Luft. Das Kind fällt herunter, rutscht dem Mann durch die Hände, schlägt auf dem Boden auf und ist tot.

(In: Pastorale Dienststelle des Erzbistums HH)

Mut zur Umkehr

Q *(Mahatma Gandhi berichtet aus seinem Leben:)*

Ich war fünfzehn Jahre alt, als ich einen Diebstahl beging. Weil ich Schulden hatte, stahl ich meinem Vater ein goldenes Armband, um die Schuld zu bezahlen. Aber ich konnte die Last meiner Schuld nicht ertragen. Als ich vor ihm stand, brachte ich vor Scham den Mund nicht auf. Ich schrieb also mein Bekenntnis nieder. Als ich ihm den Zettel überreichte, zitterte ich am ganzen Körper. Mein Vater las den Zettel, schloss die Augen, und dann zerriss er ihn. „Es ist gut“, sagte er noch. Und dann nahm er mich in die Arme. Von da an hatte ich meinen Vater noch lieber.

A *Worin besteht die Schuld des Familienvaters und des jungen Gandhi?*
Kennt ihr ähnliche Situationen aus eurem Leben? Erzählt sie euch.
Denkt gemeinsam darüber nach, welche Rolle der- oder diejenige spielt, der/die einem anderen verzeihen soll.
Was würdet ihr als Entschuldigungsgründe gelten lassen und was nicht? Wann genügt eine Entschuldigung, wann aber nicht?

Drei Fälle

Fall 1: Zwei junge Männer und eine Frau in Florida demontierten an einer Kreuzung ein Stoppschild und andere Verkehrszeichen. Sie nahmen die Schilder mit, um ihr Zimmer zu dekorieren. Wenig später geschieht an der Kreuzung ein Unfall mit drei Toten.

Fall 2: Der 18-jährige Lehrling Peter Gelbert erschlug seinen Vater durch Beilhiebe auf den Kopf. Der Vater war häufig betrunken, kränkte und schlug sehr oft sowohl seinen Sohn als auch Peters Mutter. Um den Brutalitäten des Vaters zu entkommen, unternahm Peter bereits einen Selbstmordversuch.

Fall 3: Am 5. Februar 1989 wird der 20-jährige Chris Gueffroy an der Berliner Mauer auf seiner Flucht nach West-Berlin erschossen. Der Schütze, ein Grenzsoldat der DDR, begründet seine Tat damit, dass er einen Befehl seines vorgesetzten Offiziers ausgeführt habe.

A *Bildet Arbeitsgruppen und entscheidet über die angeführten Fälle. Gestaltet zuvor eine Tabelle nach folgendem Muster:*

	schuldig/nicht schuldig	Begründung	mögliches Handeln
Fall 1			
Fall 2			
Fall 3			

Die Verantwortung trag' ich!

Blutiges Finale

Q Nach Mitternacht schleicht sich Mario in der Zweieinhalbzimmer-Plattenbau-Wohnung aus dem Ehebett, das er mit seinem Vater teilen muss. Der schmächtige Junge, eines der größten deutschen Boxtalente, verschwindet in seinem Zimmer. Hier greift er die Kurzhantel, geht zurück ins Schlafzimmer und zertrümmert seinem schlafenden Vater mit mehreren Schlägen den Schädel. Gegen zwei Uhr morgens stirbt der arbeitslose Glas- und Gebäudereiniger Dieter L., 51 Jahre, „infolge stumpfer Gewalt gegen den Kopf", wie es später im Obduktionsbericht heißt.

Wie kam es zu dieser Tat? Marios Vater galt als streitsüchtiger Eigenbrötler, der brutal reagierte, wenn er Alkohol getrunken hatte. Er prügelte seine Ehefrau und musste wegen Körperverletzung eine Gefängnisstrafe verbüßen. Als Jugendlicher hatte er selbst versucht, ein erfolgreicher Boxer zu werden: Vergeblich.

Später drillte er seinen Sohn. Aus diesem sollte unbedingt „mal was werden". Dieter L. schottete seinen Sohn ab, verbot den Besuch von Freunden in der Wohnung und bestrafte ihn unbarmherzig, wenn er einmal zu spät nach Hause kam.

Vor vier Wochen kam Mario mit einem blauen Auge und einer Platzwunde an der Stirn in die Schule. „Ich habe mich mit einer Glatze gekeilt", behauptete er. Seine Freunde glauben heute, dass es der Vater war.

Zu den Misserfolgen in der Schule und dem Leistungsdruck im Sportverein kam ein ewig unzufriedener Vater, der den Sohn trotz seiner Boxerfolge als „Pflaume" beschimpfte.

Mario muss mit einer empfindlichen Strafe rechnen.

(Der Spiegel Nr. 5/1999)

Jugendliche vor Gericht

A *Im Strafrecht geht es um das Problem von Schuld und Sühne. Was heißt in diesem Falle Sühne?*
Warum wird Mario, obwohl seine Tat womöglich menschlich verständlich erscheint, vom Gericht bestraft?
Erklärt den Zusammenhang zwischen Schuld und Strafe.

P Informiert euch über das neue Jugendstrafrecht in Deutschland. Besucht gemeinsam eine Gerichtsverhandlung in eurer Gegend. Überlegt euch vorher, worauf ihr besonders achten wollt. Vergebt dazu Aufträge.
Sprecht anschließend mit einem Richter, Staatsanwalt oder Rechtsanwalt über Schuld und Sühne.

Verhalten im Schulbus lässt zu wünschen übrig

Q Das Schulverwaltungs- und Kulturamt des Landkreises Parchim wandte sich mit einem offenen Brief an alle Eltern, deren Kinder mit dem Schulbus zum Unterricht fahren:
„Beim Ein- und Aussteigen wird sehr oft gedrängelt, was zur Folge hat, dass Schüler, besonders die Kleineren, gegen die Fahrzeuge gedrückt bzw. sogar aus den Fahrzeugen herausgestoßen werden. [...] Manche Schüler, insbesondere der oberen Klassenstufen, beanspruchen mehrere Sitzplätze für sich, während andere dadurch stehen müssen. Leider kommt es auch immer wieder zu bewussten Beschädigungen, indem mit Messern oder Feuerzeugen die Inneneinrichtung der Busse zerstört wird."

(In: Elde-Express, Nr. 8, 9. Jahrgang, 25.2.1999)

Ich hätte sie nie allein gelassen

Q 52 Jahre lang waren Gertrud Sauttner und Maria Fetzer fast täglich zusammen, unterstützten sich gegenseitig bei ihrer Hausarbeit, konnten über alles miteinander reden, verstanden sich wie kaum zwei andere. Und so war es für Gertrud Sauttner selbstverständlich, die Pflege ihrer Freundin zu übernehmen, als diese schwer erkrankte. Und selbst als die Pflege psychisch und physisch immer belastender wurde und kurz vor dem Tod an die Grenzen ihrer eigenen Kraft ging, Gertrud Sauttner war froh, „ihrer Freundin diesen Dienst tun zu können". Eine Entlastung durch andere hat sie nie in Anspruch genommen.

(Reutlinger Generalanzeiger v. 31.1.1996)

Der Führer hat mir meinen Sohn genommen

Q Der Sohn des Berliner Arbeiterehepaares Otto und Elise Hampel war während des Zweiten Weltkrieges „für Führer, Volk und Vaterland" umgekommen. Dieser damals alltägliche Schicksalsschlag löste bei den Hampels nicht nur Trauer aus. [...] In nächtelanger Arbeit schrieben sie auf Postkarten den Satz „Mutter! Der Führer hat mir meinen Sohn genommen. Er wird auch deine Söhne ermorden" und legten diese Karten in den Fluren und Treppenaufgängen der Mietskasernen ab. Ein an Wahnwitz gemahnender Kampf, den die beiden führten, und an seinem Ende konnte nichts anderes stehen als das Schafott.

(In: Siegfried Fischer-Fabian: Die Macht des Gewissens)

Ein Zivildienstleistender betreut einen Behinderten

A *Erläutert anhand der Beispiele, was es heißt, soziale Verantwortung zu übernehmen.*
Wie beurteilt ihr in dieser Hinsicht das Verhalten der Schüler im Schulbus? Kennt ihr ähnliche Fälle? Berichtet darüber und denkt über die Ursachen solcher Verhaltensweisen nach.
Sammelt aus Zeitungen und Büchern Berichte über Menschen, die bereit waren, persönliche Nachteile in Kauf zu nehmen oder sogar ihr Leben zu opfern, um für andere da zu sein. Fragt eure Lehrerinnen/Lehrer für Sozialkunde, Geschichte oder Religion nach weiteren Beispielen.
Stellt euch vor, ihr seid Autoren eines Jugendlexikons. Schreibt einen kurzen Artikel, in dem ihr den Begriff „soziales Gewissen" erklärt.

2.2 Regeln des Zusammenlebens

Regeln – Regeln – Regeln

!

Das Spielen der Kinder im Treppenhaus ist untersagt

Achtung Unfallgefahr! Eltern haften für ihre Kinder

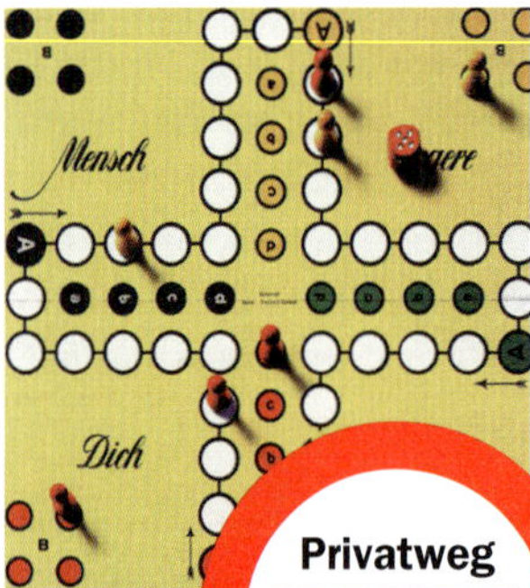

Die Zehn Gebote

Privatweg
Durchgang verboten

Was du nicht willst, das man dir tu', das füg' auch keinem andern zu.

Vor dem Essen, nach dem Essen, Händewaschen nicht vergessen!

A *Überall in unserem Leben gibt es Regeln, Verbote, Gebote, Gesetze. Was fordern sie von uns? Können Menschen auch ohne Regeln auskommen? Warum? Warum nicht? Führt darüber ein Streitgespräch.*
Gibt es in unserem Leben auch Bereiche ohne Regeln?

Was ein Kind gesagt bekommt

Q Der liebe Gott sieht alles.
Man spart für den Fall des Falles.
Die werden nichts, die nichts taugen.
Schmökern ist schlecht für die Augen.
Kohlentragen stärkt die Glieder.
Die schöne Kinderzeit, die kommt nicht wieder.
Man lacht nicht über ein Gebrechen.
Du sollst Erwachsenen nicht widersprechen.
Man greift nicht zuerst in die Schüssel bei Tisch.
Sonntagsspaziergang macht frisch.
Zum Alter ist man ehrerbötig.
Süßigkeiten sind für den Körper nicht nötig.
Kartoffeln sind gesund.
Ein Kind hält den Mund.

(Bertolt Brecht)*

A *Was haltet ihr von diesen Regeln?*
Formuliert fünf Regeln, die ihr euren Kindern mit auf den Weg geben würdet.

Was ist eigentlich ...?

... **ein Gebot** = eine Anforderung an ein Mitglied einer Gemeinschaft, bestimmte Handlungen vorzunehmen oder zu unterlassen (z. B. eine Religionsgemeinschaft).

... **eine Regel** = eine Anleitung, die eingehalten werden muss, damit eine bestimmte Handlung Erfolg hat.

... **ein Prinzip** = ein allgemeiner Grundsatz menschlichen Handelns.

... **ein Gesetz** = eine Vorschrift, die Mitglieder einer bestimmten Gemeinschaft (z. B. des Staates) unter Androhung von Strafe einhalten müssen.

A *Findet zu jeder Definition ein Beispiel.*

Schon wieder eine Vorschrift!

A *Stellt anhand des Bildes fest, auf welchen Gebieten Regeln gelten.*
Sind sie alle notwendig? Warum? Warum nicht?
Sucht Kriterien dafür, wann Regeln notwendig sind und wann nicht.

Regeln in der Familie

Familie vor hundert Jahren.
Gemälde von Rudolf Hausleitner, 1894

Familie in Mali.
Der Mann hält sich im Haus seiner ersten Frau und ihrer Kinder auf.

Familie heute.
Ein Familienausflug ins Grüne

A

Sprecht anhand der Fotos darüber, welche Regeln für die Familien auf den Fotos gelten.
Versucht in einem Comic darzustellen, welche Regeln es in eurer Familie gibt.
Wozu dienen diese Regeln? Findet ihr sie richtig?
Dürft ihr die bei euch geltenden Regeln mitbestimmen?
Wie wird in eurer Familie gewährleistet, dass die Regeln auch eingehalten werden? Sprecht darüber in kleinen Gruppen.

Ohne Regeln geht es nicht

Welche Regel hilft uns?

Jeder Mensch lebt in verschiedenen Gemeinschaften. Eine Gemeinschaft ist eine Form des Zusammenlebens von Menschen, die oft durch eine gemeinsame Sprache oder gemeinsame Werte verbunden sind. Jedes Mitglied einer Gemeinschaft muss sich an bestimmte Regeln, Gebote oder Prinzipien halten, die innerhalb dieser Gemeinschaft gelten.

A *In welchen Gemeinschaften lebt ihr?*

Die Stele mit den Gesetzen des Hammurapi, geschaffen im 18. Jahrhundert v. u. Z. im alten Babylon

A *Seit wann könnte könnte es Regeln geben? Welche könnten das sein? Überlegt, welche alten Regeln noch heute gelten.*

Regeln in der Klasse

Q Für Jungen und Mädchen gilt das Gleiche, was sie tun sollen und was nicht.
Jeder hilft seinem Nachbarn, wenn er etwas braucht oder etwas nicht kann.
Wenn wir diskutieren, soll jeder warten, bis er dran ist, und den anderen ausreden lassen.
Wenn die Klasse mit Mehrheit etwas beschlossen hat, muss es befolgt werden; aber wer anderer Meinung ist, muss vorher angehört werden.
Jeder soll sich so ruhig benehmen und so langsam gehen, dass es keinen Unfall (gemeint ist in dem engen Klassenraum) gibt.
Schlagen und Beleidigen ist verboten.
Jeder soll an seinem Platz Ordnung halten und mithelfen, die Klasse gut aufzuräumen.
Alle sollen ihre Schreibarbeiten ruhig zu Ende machen dürfen.
Es sollen öfter Mal- und Spielstunden stattfinden.
Wir dürfen unseren Sitzplatz selber aussuchen.
Die Klasse muss beschließen, was geschehen soll, wenn einer gegen die Klassenordnung verstößt.

(Aufgestellt von einer Schulklasse, mitgeteilt von Konrad Wünsche)

A *Möchtet ihr diese Regeln auch für eure Klasse übernehmen? Warum? Warum nicht? Begründet eure Meinung.*
Welche Regeln müssen für eure Klasse entwickelt werden, damit das Miteinander besser klappt? Arbeitet in Gruppen Vorschläge dafür aus. Vergleicht sie miteinander und stellt eine endgültige Regelliste für eure Klasse auf.

Und wenn ich mich nicht daran halte?

Kann ich Regeln auch umgehen?

A *Welche Regeln gelten hier?*
Schreibt die Regeln auf, nach denen auf den Abbildungen gehandelt werden muss.
Kann man diese Regeln auch umgehen? Warum? Warum nicht?
Was haltet ihr von Strafen, die für Verstöße gegen Regeln in verschiedenen Gemeinschaften verhängt werden können?

Die Zehn Gebote

In allen Religionen gibt es göttliche Gebote für das richtige Verhalten der Mitglieder der Gemeinschaft. Sie sollen die Beziehungen zwischen den Menschen regeln, ihr Eigentum und die natürliche Umwelt schützen.
In der Bibel, der Heiligen Schrift der Christen, erfahren wir, wie Gott selbst ihnen durch Mose diese Gebote überbringen lässt.

Aus den Zehn Geboten

Q Du sollst deinen Vater und deine Mutter ehren,
auf dass es dir wohl ergehe und du lange lebest auf Erden.
Du sollst nicht töten.
Du sollst nicht ehebrechen.
Du sollst nicht stehlen.
Du sollst nicht falsch Zeugnis reden wider deinen Nächsten.
Du sollst nicht begehren deines Nächsten Haus.

(Nach dem Kleinen Katechismus von Martin Luther)

Aus den Geboten des Korans

Q 23. Und dein Herr hat bestimmt, dass ihr nur Ihm dienen sollt und dass man die Eltern gut behandeln soll. Wenn ein Teil von ihnen oder beide bei dir ein hohes Alter erreichen, so sag nicht Pfui zu ihnen und fahre sie nicht an, sondern sprich ehrerbietige Worte zu ihnen.
24. Und senke für sie aus Barmherzigkeit den Flügel der Untergebenheit und sag: „Mein Herr, erbarme dich ihrer, wie sie mich aufgezogen haben, als ich klein war.“ ...
26. Und lass dem Verwandten sein Recht zukommen, ebenso dem Bedürftigen und dem Reisenden, aber handle nicht ganz verschwenderisch.
27. Diejenigen, die verschwenderisch sind, sind Brüder der Satane; und der Satan ist gegenüber seinem Herrn sehr undankbar ...
32. Und nähert euch nicht der Unzucht. Sie ist etwas Schändliches und ein übler Weg.
33. Und tötet nicht den Menschen, den Gott für unantastbar erklärt hat, es sei denn, es liegt eine Berechtigung vor ...
37. Und schreite nicht unbekümmert auf Erden einher.

(Koran, Sure 17, Verse 23 ff.)

A *Wodurch unterscheiden sich diese Regeln von anderen, z. B. von Verkehrsregeln?*
Warum halten sich viele Menschen auf der ganzen Welt seit mehr als 2 000 Jahren an diese Regeln?

Ich soll es tun! – Ich will es tun!

Wer Rechte hat, der hat auch Pflichten!

Pflichten gegen sich selbst und andere

Q Setzen wir den Fall eines Schiffes, das in diesem Augenblicke scheitert. Nicht wahr, in diesem schrecklichen Augenblicke hören alle bürgerlichen und gesellschaftlichen Verbindungen auf? Der Kapitän ist nun nichts mehr als der geringste Matrose; jeder hat nur ein Leben zu verlieren; jeder hat nichts Kostbareres als sein Leben; jeder sorgt also zuerst für sich selbst. Gesetzt nun, ihrer zwei haben sich einer Planke bemächtigt! – Wenn die Planke beide tragen kann, gut! Dann erfordert nicht nur die Menschlichkeit, sondern auch eines jeden eigener Vorteil, sich für ihre gemeinsame Rettung zu bemühen. Aber, wenn die Planke nur für einen von beiden groß genug ist, was dann?

(Christoph Martin Wieland, Schriftsteller)

Die Bergbahn

Q Versetzen wir uns in die Lage des Fahrers einer Bergbahn, die sich auf Talfahrt befindet. Plötzlich tauchen fünf Gestalten im Nebel vor ihm auf; eine Vollbremsung ist zwecklos. Der Fahrer könnte allenfalls auf ein Nebengleis ausweichen, wodurch ein Arbeiter zu Tode käme. Wie würde man selbst in dieser Situation handeln? Hat der Fahrer das Recht, die Gleise zu wechseln?

(Roy A. Sørensen, dänischer Philosoph)

Verkauf eines Hauses mit verborgenen Mängeln

Q Es soll ein guter Mann sein Haus verkaufen wegen irgendwelcher Fehler, die er selbst kennt, die die Übrigen nicht kennen, es soll verseucht sein und für gesund gelten, man soll nicht wissen, dass sich in allen Schlafgemächern Schlangen zeigen, es soll aus schlechtem Holz und baufällig sein, aber niemand außer dem Besitzer soll es wissen.
Ich frage, wenn dies der Verkäufer den Käufern nicht gesagt hat und das Haus viel teurer verkauft hat, als er hoffte, es zu verkaufen, ob er dann unrecht oder schurkisch gehandelt hat.

(Cicero, römischer Philosoph)

A *Wie würdet ihr in diesen Situationen handeln?*
Diskutiert in kleinen Gruppen über die Beweggründe für eure Entscheidung.

Das Missgeschick

Q Löwe, Esel und Fuchs gingen gemeinsam auf die Jagd. Als sie reiche Beute gemacht hatten, beauftragte der Löwe den Esel mit der Verteilung. Der machte drei Teile und sagte dann dem Löwen, er solle sich seinen aussuchen. Da war der Löwe so böse, dass er ihn auffraß und nun dem Fuchs den Auftrag gab zu teilen. Der legte alles zusammen auf einen riesigen Haufen und forderte den Löwen auf, das zu nehmen; für sich selbst hatte er nur ein paar Knochen zurückbehalten. Der Löwe fragte, wer ihn denn solche Teilung gelehrt habe, da sagte er: „Das Missgeschick des Esels!“

(Äsop, griechischer Fabeldichter)

Die Fabel zeigt, ...

- dass man aus fremdem Unglück lernen kann.
- dass Überleben mehr wert ist, als sein Recht zu behaupten.
- dass man sich keinem Stärkeren widersetzen soll.
- dass man nicht auf sein Recht pochen soll, wenn man es nicht durchsetzen kann.
- dass der Stärkere immer Recht hat.
- dass Feigheit die Durchsetzung des Rechts verhindert.
- dass der Löwenanteil dem Stärksten gehört.
- dass es besser ist, ein Esel zu sein, als ungerecht zu handeln.

A *Wie würde eure Schlussfolgerung lauten? Schreibt sie auf.*
Sucht mindestens drei Gründe dafür.
Überdenkt eure und unsere Schlussfolgerungen und formuliert eine Antwort für den Löwen.

Die Rechte der Kinder

Der Tag der Kinderrechte

Als am 20. November 1989 die Konvention über die Rechte des Kindes von der Generalversammlung der Vereinten Nationen angenommen wurde, da mussten sich Politikerinnen und Politiker nichts Neues ausdenken. Denn kurz nach dem Ersten Weltkrieg bemühte sich bereits die Engländerin Eglantyne Jebb, Geld für hungernde und und verwundete Kinder zu sammeln. Sie gründete den Save the Children Fund, der allen leidenden Kindern unabhängig von ihrer Nationalität, ihrer Rasse oder Hautfarbe die nötige Hilfe zukommen lassen sollte.

Nach dem Zweiten Weltkrieg wurde UNICEF mit dem Ziel gegründet, im Sinne der Charta von Eglantyne Jebb Kindern und Jugendlichen in den kriegsverwüsteten Staaten Europas zu helfen. Parallel zu den Hilfsaktionen entstand nach der Verabschiedung der Allgemeinen Erklärung der Menschenrechte 1948 erneut die Idee, Kindern und Jugendlichen spezielle Rechte zu gewähren, die ihrem Schutz und ihren Bedürfnissen nach individueller Entwicklung und Wohlergehen Rechnung tragen. Am 20. November 1959 nahm die Generalversammlung der Vereinten Nationen eine Deklaration der Rechte des Kindes an und erklärte den 20. November zum „Tag der Kinderrechte". Diese wurden von verschiedenen Staaten ergänzt, so dass nach längerer Diskussion am 20. November 1989 die Konvention über die Rechte des Kindes mit 54 Artikeln verabschiedet wurde. Bis heute haben sie mehr als 60 Staaten ratifiziert.

Aus der Erklärung der Rechte der Kinder

Q Da die Menschheit dem Kinde ihr Bestes zu geben schuldig ist, verkündet die Generalversammlung der Vereinten Nationen

- das Recht auf Gleichheit, unabhängig von Rasse, Religion, Herkommen und Geschlecht.
- das Recht auf gesunde geistige und körperliche Entwicklung.
- das Recht auf einen Namen und eine Staatszugehörigkeit.
- das Recht auf genügende Ernährung, Wohnung und ärztliche Betreuung.
- das Recht auf unentgeltlichen Unterricht, Spiel und Erholung.
- das Recht auf Schutz vor Grausamkeit, Vernachlässigung und Ausnutzung.
- das Recht auf Schutz vor Verfolgung und auf eine Erziehung im Geiste weltumspannender Brüderlichkeit und des Friedens.

A *Welche Rechte findet ihr am wichtigsten? Warum?*
Welche Rechte fehlen? Wählt ein Recht aus, das ihr für wichtig haltet.
Bildet Arbeitsgruppen und formuliert zu den angegebenen Rechten auch Pflichten. Vergleicht anschließend eure Vorschläge.

P Wie sollten diese Rechte in Deutschland verwirklicht werden? Unterbreitet dazu Vorschläge und schickt sie an Abgeordnete des Bundestages.

Gedanken

Q Kinder haben Rechte
und zwar ganz gerechte.
Kinder dürfen spielen
und auch was beschmieren.
Kinder dürfen lachen,
und was Besondres machen.
Kinder dürfen auch was sagen
und sich mal ganz doll beklagen.
Kinder dürfen beten
und sich auch verspäten.
Kinder dürfen selbst entscheiden
und sich auch allein bekleiden.
Kinder brauchen Liebe
und bestimmt nicht Hiebe.
Kinder haben Rechte!

(Maya, 12 Jahre)

A *Bildet kleine Gruppen und vergleicht Mayas Gedanken mit dem Gedicht von Bertolt Brecht „Was ein Kind gesagt bekommt" auf S. 75 des Lehrbuches. Versucht anschließend Mayas Gedanken in Form von Rechten zu formulieren, z. B. Kinder und Jugendliche haben das Recht auf Liebe. Lassen sich alle Gedanken von Maya in dieser Form ausdrücken? Trefft eine Entscheidung und begründet sie. Schreibt selbst ein Gedicht, in dem ihr ausdrückt, welche Rechte ihr euch wünscht. Lest anschließend eure Gedichte in der Klasse vor und diskutiert darüber, ob sich alles, was man sich wünscht, in ein Recht umsetzen lässt. Begründet eure Meinungen.*
Informiert euch im Internet unter http:/www. kinderpolitik.de/methoden/rechte/vorwort. htm.

2.3 Da hab' ich einfach draufgehauen

Gewalt kennt keine Grenzen

Gewalt – ein alltägliches Phänomen?

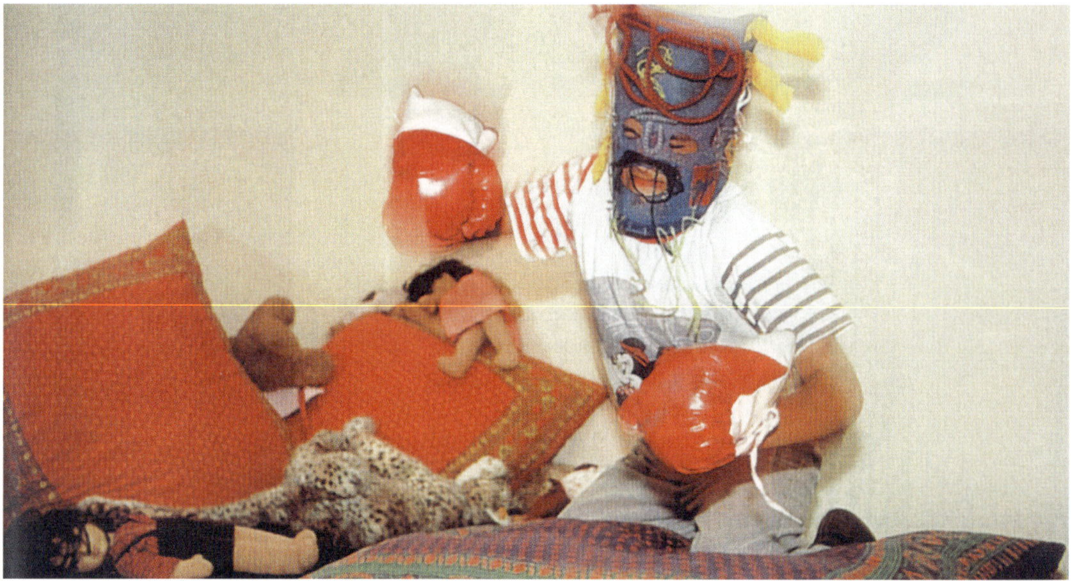

Gewalt hat viele Gesichter

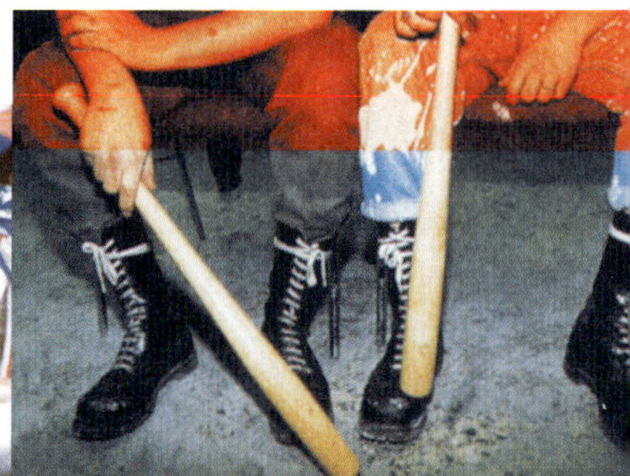

Gab es Gewalt es schon immer? Wird es sie immer geben?

Wie begegnen wir Gewalt?

A *Diskutiert darüber, was die dargestellten Situationen mit Gewalt zu tun haben.*
Wie habt ihr euch in solchen Situationen verhalten?
Formuliert, was für euch Gewalt ist.

Du gegen mich – wir gegen euch

Was Schüler und Schülerinnen einer 8. Klasse über Gewalt sagen

Peter: Auch in den Familien gibt es Gewalt. Manche Kinder und Jugendlichen werden von ihren Eltern geschlagen. Die halten das dann irgendwie für normal.

Ulrike: Im Fernsehen läuft viel Gewalt, auch nachmittags schon. Wer ordentlich zuschlagen kann, ist da ein großer Held.

Felix: Und in den Schulen geht auch einiges ab. Das reicht von Schlägereien bis hin zu Erpressung.

Sabrina: Totale Angst habe ich, wenn mir irgendwelche Skins hinterherkommen oder begegnen, die sehen schon so aus, als würden die gleich zuschlagen.

Andreas: Habt ihr das letzte Spiel von Hansa gesehen? Wenn die vielen Fouls da keine Gewalt waren – dann weiß ich nicht, was Gewalt ist.

Sabine: Gewalt kann in allen Lebensbereichen vorkommen, vor allem auch auf der Straße. Mein Bruder musste einmal seine Schuhe ausziehen, weil sie einem Typen gefallen haben. Hätte er es nicht gemacht, wäre er zusammengeschlagen worden.

A *Hat Sabine Recht, wenn sie behauptet, dass Gewalt überall vorkommt?*
Welche „Gewaltbereiche“ wurden von den Schülern hier angesprochen? Kennt ihr noch weitere?

P Befragt Jugendliche in eurer Schule, was sie über Gewalt denken. Erarbeitet dazu eine Wandzeitung.

Ich dachte, die machen mich fertig!

Q Es war in Rostock vor einigen Wochen. Wir wollten in die Disko gehen und hatten uns deswegen am Bahnhof verabredet. Ich war etwas zu früh, stand an der Bushaltestelle und wartete auf die anderen.
Auf der anderen Seite stand eine Gruppe von Skins und klopfte lautstark irgendwelche Sprüche. Mir wurde immer mulmiger zumute. Ich dachte, hoffentlich lassen die mich in Ruhe. Plötzlich kam einer aus der Gruppe auf mich zu. Er rempelte mich an: „Haste mal 'ne Mark?" Ich konnte gar nicht so schnell gucken, wie der mir meine Tasche von der Schulter gerissen hatte und alles auskippte. Die Jungs auf der anderen Straßenseite fanden das auch ganz cool und kamen dazu.
Ich stand in der Mitte und 10 bis 12 grölende Skins um mich rum. Mir wurde ganz schlecht. Was sollte ich jetzt machen? Der eine zog mir an den Haaren, zwei oder drei andere spielten mit meinen ausgekippten Sachen Fußball. Meine Angst heizte die Jungs nur noch mehr an.
Leute gingen auf der anderen Straßenseite an uns vorüber. Haben die denn nicht gesehen, was da abging?
Ich traute mich nicht, jemanden um Hilfe zu rufen. Ich dachte, es würde die Skins noch mehr provozieren.
Gott sei Dank kam da der Bus, und die Skins hatten es plötzlich sehr eilig.
Wer weiß, was sonst noch passiert wäre.

(Caroline, 15 Jahre)

D Gewalt heißt, jemandem zu drohen oder einen Schaden zuzufügen. Sie verfolgt meist das Ziel, andere zu zwingen, etwas zu tun oder zu unterlassen.

A *Habt ihr bereits ähnliche Situationen erlebt? Berichtet darüber in der Klasse. Wie habt ihr euch verhalten?*

Gehört Gewalt zur Natur des Menschen?

Gewalt entsteht nicht ohne Grund

Q Der Mensch ist von Natur aus ungesellig: Neid, Missgunst, gegenseitige Konkurrenz und Ruhmsucht führen zu einem Krieg eines jeden gegen jeden. Eine absolute Staatsmacht muss die Gewalt des Einzelnen unterdrücken.

(Thomas Hobbes, englischer Philosoph)

Der Mensch hat einen angeborenen Widerwillen, andere leiden zu sehen.
Erst die Gesellschaft bringt die bösen Leidenschaften hervor.
Häufiger Anlass für Gewalt ist Streit um Besitz.

(Jean-Jacques Rousseau, französischer Philosoph)

Der Aggressionstrieb ist in der Natur lebens- und arterhaltend (Auswahl des Stärksten, Verteilung des Lebensraums, Festlegung der Rangordnung).
Nur in der vom Menschen geschaffenen Kulturwelt entartet er zu einer Fehlfunktion mit vernichtenden Folgen.

(Konrad Lorenz, Biologe)

Gewalt wird wie jedes Verhalten gelernt:
- durch eigene Erfahrung, wenn gewalttätiges Verhalten zu Erfolg führt
- durch Nachahmung gewalttätiger Vorbilder.

(Albert Bandura, Soziologe)

Zwei Mäusebussarde im Streit um Beute

A *Setzt euch mit den Auffassungen über die Entstehung von Gewalt auseinander.
Welcher bzw. welchen Auffassungen stimmt ihr zu? Begründet eure Entscheidung.
Welche weiteren Ursachen von Gewalt kennt ihr?*

Ein Gedankenexperiment

Stellt euch vor, alle Menschen würden über gleich großen Besitz verfügen, gäbe es dann noch Gewalt? Warum? Warum nicht? Vergleicht dazu auch den Abschnitt „Gleich viel für alle?“ auf Seite 138.
Stellt euch vor, es gäbe keine Gewalt.

Er hatte es nicht gewollt!

Q Nein, wirklich nicht. Er war doch kein Mörder. Doch wer würde ihm schon glauben? Er sah sich im Geiste schon vorm Richter stehen und verzweifelt seine Unschuld beteuern. Er würde ins Gefängnis kommen, das ahnte er.

Er hatte es in den Filmen gesehen. Ja, ins Gefängnis würde er kommen. Dort kamen alle hin, die etwas Böses getan hatten. Und töten war etwas Böses, das wusste er schon.

Was würden nur seine Eltern sagen, wenn auf einmal die Polizei auftauchte, um ihn abzuholen? Und sein Freund Ritchi, er würde sich einen anderen Spielkameraden suchen. In seiner Klasse würden sie tuscheln, weil er plötzlich nicht mehr in die Schule kam. Danny ist im Gefängnis, würden sie sagen, Danny ist im Gefängnis, weil er etwas Unrechtes getan hat.

Aber er wollte doch bloß spielen, es war doch nur Spaß. Er saß da, wie betäubt. Sein Blick war starr auf die Türe gerichtet, als erwarte er jeden Augenblick, dass sie aufgehen und ein Polizist hereinkommen könnte.

Danny starrte düster vor sich hin. Seine Beine waren dabei eingeschlafen, doch Danny saß still und fast bewegungslos auf dem Stuhl, als könne er damit das Geschehen wieder rückgängig machen. Es war das erste Mal in seinem noch sehr jungen Leben, dass er direkt mit dem Tod in Berührung kam. Mit diesem schrecklichen Tod, den er doch sonst nur aus den Filmen kannte.

Seine Eltern hatten ihm doch immer gesagt, dass Fernsehen nicht real sei, dass es überhaupt nichts mit dem wirklichen Leben zu tun habe. Das sind alles nur Filme, sagten sie. Und dann setzten sie ihn jeden Abend vor den Fernseher, sagten: „Sei schön brav, Danny, wir sind bald zurück“, und verließen die Wohnung. Danny war zwar schon elf, aber er wusste immer noch nicht genau, wohin seine Eltern eigentlich gingen. Seine Mutter sagte ihm mal etwas von einer Bar. Vater selbst sagte, er fahre Taxi, aber Danny konnte sich irgendwie unter alldem nichts vorstellen. Er hatte gerade Rambo gesehen, und darin kam keine Bar vor und auch kein Taxi.

Danny war jetzt ganz allein. Er hatte Angst. Seine Hand umklammerte immer noch den Bleistift. Den Bleistift, mit dem er gerade seinen Teddybär erstochen hatte.

(Wolfgang Baumann, Publizist)

A *Welcher der vier philosophischen Auffassungen über Gewalt auf Seite 90 würdet ihr diese Geschichte zuordnen? Begründet eure Entscheidung.*
Welche konkreten Ursachen von Gewalt werden in der Geschichte genannt?
Gibt es einen Ausweg für Danny?

Hass belebt das Geschäft

Alltägliche Gewalt – Nachrichten

Böse, dumpfe Töne; Hass belebt das Geschäft: Sie hetzen offen auf der Bühne und verschlüsselt im Internet. Rund 65 aktive Skinhead-Bands stacheln zu Rassismus und Ausländerfeindlichkeit an!
(Die Welt v. 20.11.1997)

In Hamburg ticken hundert Zeitbomben – Der Mord von Tonndorf – Kripo warnt vor weiteren jugendlichen Straftätern!
(Die Welt v. 3.7.1998)

1322 Verfahren wegen Schmierereien und Vandalismus
(Welt am Sonntag v. 26.7.1998)

Weniger Raubüberfälle unter Jugendlichen
(Bergedorfer Zeitung v. 21.10.1998)

Von 3 000 befragten Hamburger Schülern der neunten Klasse gab jeder vierte an, schon einmal erpresst, geschlagen, beraubt oder sexuell belästigt worden zu sein.
(Focus v. 28.9.1998)

Jedes achte Kind bewaffnet in die Schule; mehr als ein Viertel aller Schüler Mecklenburg-Vorpommerns ist bereits von anderen Mitschülern angegriffen, bedroht oder beraubt worden.
(Ostseezeitung v. 12.2.1999)

A *Welche Formen von Gewalt kommen in diesen Zeitungsmeldungen besonders häufig vor und wie erklärt ihr euch das?*
Erarbeitet eine Übersicht, in der ihr die verschiedenen Formen von Gewalt darstellt.

P Stellt selbst eine Sammlung von Zeitungsmeldungen über Gewalt zusammen.

Sie beginnt sich zu fürchten

Q Überglücklich tritt Katrin aus der Disko. Arm in Arm läuft sie mit Mirco zum Auto. Er war heute wieder so lieb und verständnisvoll, sie könnte sich wirklich keinen besseren Freund vorstellen. Und obwohl sie sich erst seit ein paar Tagen kennen, vertraut sie ihm vollkommen. Sie könnte wirklich in die Luft springen vor Freude!
Als sie im Auto sitzen, vergeht die Zeit wie im Flug. Mirco redet mal wieder über Gott und die Welt, und sie lachen ohne Ende.
„Sag mal, Mirco, bist du sicher, dass du richtig fährst?"
„Wart nur ab ..."
Er lächelt geheimnisvoll. Bald biegen sie ab auf einen einsamen Feldweg.
„Nun sag schon, was du vorhast!"
Katrin lacht; sie ist so glücklich, dass sie jemand mit der Nase darauf stoßen könnte, sie würde nichts merken.
„Tu nicht so, du bist doch auch schon ganz heiß!" haucht er ihr ins Ohr.
„Moment, ich glaube, du hast etwas falsch verstanden ..."
Katrin versucht, sich aus seinen Armen zu befreien, aber noch bemerkt sie seinen irren Blick nicht.
Plötzlich wird Mirco grob, gar nicht so, wie sie ihn zu kennen glaubt. Sie beginnt sich zu fürchten.
„Lass das bitte, du tust mir weh! Mirco, bitte!"
„Jetzt stell dich nicht so an! Darauf hast du es doch angelegt!"
„Nein! Au!"
Ihr kommen die Tränen. Warum ist er auf einmal so gemein?

(Katrins Freundin)

A *Was hättet ihr an Katrins Stelle getan?*
Welche Rolle spielen Frauen häufig in Filmen (vor allem in Gewaltfilmen) und welche Folgen für das Verhalten von Männern und Frauen kann das haben?

P Untersucht die Darstellung von Männern und Frauen in Filmen und Videos und wertet eure Erfahrungen aus.

Gewalt gegen alle, die anders sind

Der Fleck auf der Hand

Wie in allen Schulen der Welt hieß das erste Aufsatzthema nach den Winterferien „Wie ich Weihnachten verbracht habe“. Ich schrieb, dass ich am Weihnachtstag hohes Fieber gehabt und dass meine Mutter die ganze Zeit an meinem Bett gesessen hätte.
Mein Vater hatte mir jedenfalls für den Schulbeginn ein Paar neue Schuhe gekauft.
Sie waren wunderschön, schwarz und glänzten auch. Zwar waren sie mir etwas zu eng, aber ich sagte nichts, weil sie mir so gut gefielen.
Ich bekam auch ein Paar Jeans und einen kanariengelben Pullover, der ganz flauschig war, aber beim ersten Waschen unwiderruflich einlief.
Ich hatte großen Eindruck gemacht an diesem Morgen, als die Lehrerin wie üblich mit der Inspektion der Kleidung anfing. Die glänzenden Schuhe machten das zerknitterte Taschentuch fast wieder wett. Und was sollte ich denn machen?
Meine Mutter hielt es für Zeitverschwendung, Taschentücher zu bügeln. Aber was die Lehrerin am meisten irritierte, war der braune Fleck auf meiner rechten Hand.
Sie schalt mich jedesmal, dass ich mir die Hände waschen sollte, bevor ich die Klasse betrat. Und es nutzte nichts, dass ich ihr erklärte, dass es kein Schmutz war, sondern Henna, das die arabischen Frauen während bestimmter Feste als Glücksbringer auftrugen. Und sie wollte auch nichts von dem Fest l'Aid wissen und dass meine Mutter selbst es gewesen war, die mir die Hand bemalt hatte.
Sie wiederholte nur ständig: Wenn man in einem anderen Land lebt, muss man sich auch an die Sitten und Gebräuche dieses Landes anpassen.
Ich verstand nicht, warum sie sich so sehr darauf versteifte, es absurd zu finden, dass Moslems fünfmal am Tag beten, kein Schweinefleisch essen, keinen Alkohol trinken und sich ihre Frauen den Kopf mit dem Schador bedecken. Gerade weil Madame Cohen, wie schon ihr Name zeigte, selbst keine Französin war.
Sie war Ausländerin wie ich! Schließlich beschloss ich, die linke Hand zu heben, wenn ich mich im Unterricht melden wollte, damit ich mir keine weiteren Geschichten mehr anhören musste. Die sah wenigstens sauberer aus.

(Nassera Chohra, französich-afrikanische Regisseurin)

Ist in dieser Geschichte von Gewalt die Rede? Wenn ja, in welcher Weise? Hat Madame Cohen Recht, dass man sich Sitten und Gebräuchen in einem fremden Land anpassen muss? Führt ein Streitgespräch darüber.

Ein Tipp

Falls ihr wissen wollt, wie die Geschichte weitergeht, dann lest das Buch von Nassera Chohra „Ich wollte nicht mehr schwarz sein“, dtv München 1996.

Nachhilfe für den Geschichtsunterricht

Q Ein ungewöhnliches Urteil fällte Jugendrichter Michael Dallmann am Amtsgericht Hagenow gegen vier 14 bis 16 Jahre alte Mecklenburger Schüler, die mehrmals Grabsteine auf dem jüdischen Friedhof ihres Heimatortes umgeworfen hatten.

Er verpflichtete die Täter zu einem Besuch der KZ-Gedenkstätte Neuengamme bei Hamburg und zum anschließenden Aufsatzschreiben darüber sowie zu 40- bis 80-stündiger gemeinnütziger Arbeit.

Begründung: Gleichwohl ihren Taten keine rechtsgerichteten Motive zugrunde gelegen hätten, die Jugendlichen auch nicht in rechten Gruppen aktiv und auch ihrem äußeren Erscheinungsbild nicht der rechtsgerichteten Szene zuzuordnen seien sowie in der Schule noch nicht mit dem Thema Holocaust in Berührung gekommen wären, hätten die Schüler um die Unrechtmäßigkeit ihres Tuns wissen müssen. Deshalb sei es ihm mit seinem Urteil darum gegangen, dass sich die Jugendlichen mit den Verbrechen der Nationalsozialisten an den Juden beschäftigen.

Die geforderten Aufsätze über den Besuch in Neuengamme liegen inzwischen vor und wurden den Prozessakten beigefügt.

(Allgemeine Lehrerzeitung v. 10.10.1998)

A *Worin besteht die Straftat der Jugendlichen? Nennt mögliche Ursachen.*
Wie begründet der Hagenower Jugendrichter sein Urteil? Könnt ihr seiner Begründung folgen?
Haltet ihr das Urteil für angemessen? Führt ein Streitgespräch darüber.
Schreibt Vorschläge für ein anderes Urteil auf.

Tut was!

Der runde Tisch – ein Modell für die Zukunft?

Fast eine Woche wurde an jedem Nachmittag geredet, diskutiert oder einfach nur „Frust abgelassen“. Mehr als 2 400 Hamburger Schüler nahmen an dem Projekt „Tu was – Schülerinnen und Schüler gegen Gewalt“ teil.
Zur Abschlussveranstaltung kamen noch einmal 250 Klassen- und Schulsprecher zusammen. Sie sahen die Video-Umfragen, die in den letzten Tagen im Kino aufgezeichnet worden waren.
Einige sind harmlos: Da berichten Kinder, dass sie gern zur Schule gehen und Streitereien eigentlich nur vorkommen, wenn die älteren Schüler beim Pausen-Kick den Fußball nicht mehr hergeben wollen.
Andere sprechen eine ganz andere Sprache. Ein Mädchen erzählt, sie sei einmal ganz fürchterlich verprügelt worden, weil sie einem Mitschüler kein Geld geben wollte, eine andere sagt –, dabei ganz cool an der Zigarette ziehend – dass sie sich schon zu helfen wüsste, wenn sie bedroht würde. Sie habe ja Freunde, die ihr notfalls auch mit Waffengewalt helfen würden.
Anwesend sind Vertreter von Schulbehörde, Polizei, dem Sorgentelefon und verschiedenen anderen Verbänden.
Ein 15-jähriges Mädchen meldet sich zu Wort: „Es kann doch nicht sein, dass sich jeder mit einem Messer bewaffnet. Es muss Kontrollen geben, dass solche Gegenstände nicht mehr in die Schule kommen.“
Ein anderer Schüler greift die Expertenrunde an: „Wir haben hier jetzt einige Tage geredet, aber dabei wird es auch bleiben. Wenn ich nächste Woche durch die Straßen gehe und abgezogen werde, bringt mir das gar nichts. Warum kann uns die Polizei nicht vor so etwas schützen?“
„Wir wissen oft viel zu wenig“, gibt der Jugendbeauftragte der Hamburger Polizei zu. „Aber solche Veranstaltungen wie diese helfen uns, mehr über das tatsächliche Ausmaß von Jugendgewalt zu erfahren.“
Die Bilanz der bisher einmaligen Aktion ist vielversprechend: Die Jugendlichen waren mit großem Engagement dabei und auch die Experten wollen den Worten nun Taten folgen lassen.
Künftig wollen Verbände, Behörden und Polizei ihre Aktionen besser koordinieren.
Die Hoffnung: Bis zur nächsten „Tu-was“-Aktion, die im folgenden Jahr stattfinden soll, könnte sich die Situation verbessert haben.

(Die Welt v. 14.11.1997)

Welche Formen von Gewalt und welche Möglichkeiten, ihnen zu begegnen, werden von den Teilnehmerinnen und Teilnehmern des Projekts benannt?
Was kann die Aktion „Tu was!“ bewirken?

Bildet Arbeitsgruppen und entwerft Vorschläge für Aktionen gegen Gewalt.
Formuliert eigene Fragen an eine mögliche Expertenrunde.
Ladet euch kompetente Gesprächspartner ein.

Ein Tipp

Wenn ihr mehr über „Gewalt" wissen wollt, nutzt das Internet. Infos und auch weitere Links sind abrufbar z. B. unter **www.germany.net/info/infomax**.

2.4 Tatort Schule

Wenn jeder gleich zurückschlagen würde …

A *Diskutiert über die Äußerungen der Schülerinnen und Schüler.*
Erarbeitet in kleinen Gruppen Vorschläge, wie man sich gegen Gewalt auf dem Schulhof wehren kann. Organisiert eine Ausstellung mit euren Vorschlägen.

Du bist selbst schuld, wenn du dich nicht wehrst!
Wäre miteinander reden vielleicht ein Anfang?
Ich habe manchmal Angst, in die Schule zu gehen.

Sie haben mich immer wieder erwischt!

Ich hab kein Geld

Q Als plötzlich Harald und zwei andere Typen vor ihm standen, erschrak Roland. Harald wirkte nervös, und Roland wusste erst gar nicht, was das alles sollte.
„Wir wollen den Kies sehen!“
„Welchen Kies?“
„Die 250 Eier, die du uns schuldest.“
„Wieso euch? Harald hat doch gesagt, dass ich ...“
„Harald hat überhaupt nichts zu sagen. Los, jetzt mal raus mit den Mäusen!“
„Ich hab aber kein Geld!“
„Dann gehen wir jetzt schön mit dir nach Hause, und du bittest Papi und Mami darum. Du möchtest doch sicher nicht, dass wir das selber tun, oder?“
„Ich kann doch nicht ...“
Der mit der Lederjacke zog Roland hoch.
„Jetzt quatsch nicht.“
„Und du kommst auch mit“, sagte der andere zu Harald.
Sie nahmen ihn und Harald in die Mitte und gingen zu einem blauen BMW 2000 Ti.
Auf der Fahrt überlegte Roland fieberhaft, was er machen sollte. Er merkte, wie er schwitzte. Geld, das war so schnell ganz unmöglich. So viel hatte die Mutter nie im Portemonnaie. Er musste etwas anderes ...
Dann fiel ihm der Ring ein. Der Ring in dem kleinen braunen Kästchen. Das würde sie so schnell nicht merken. Den setzte sie nie auf. Das war ein Brillant. Garantiert.
Der lag schon ewig in ihrem Nachttisch. Ein einziges Mal hatte er gesehen, wie sie das Kästchen in der Hand hielt. Aber aufgemacht hatte sie es nicht.
„Wir warten hier“, sagte der Größere von beiden, als sie vor Rolands Haus hielten.
„Aber wir warten nicht lange. Sonst kommen wir nach.“

(Ann Ladiger)

A *Was würdet ihr an Rolands Stelle tun? Gestaltet kleine Szenen dazu.*

Zwerge heißen nicht Max

Q Heute war er mit einem guten Gefühl aufgewacht. Es regnete. Die Tropfen schlugen gegen sein Fenster und trommelten laut auf das schräge Dach. Wenn es weiter so regnete, würden sie in der großen Pause nicht auf den Schulhof müssen.

Gleich in der ersten Stunde gab Frau Stober die Aufsätze zurück. Er hatte eine Zwei geschrieben. Schon wieder ein gutes Gefühl. Er sah aus dem Fenster. Es regnete immer noch. Der Wind zerrte und schubste die Wolken über den Himmel.

Er schloss die Augen. Hörte Kreide quietschen. Frau Stober schrieb wieder einmal ihre Endlossätze an die Tafel.

Max dachte an Kim. Gestern hatte er sie im Supermarkt im Citycenter gesehen.

Wenn es bloß nicht aufgehört hätte zu regnen!

Sie warteten schon, als er auf den Schulhof kam. „Komm, Zwerg, wir zeigen dir was!“ rief Christian. Max sah Frau Stober in der Nähe des Fahrradständers. Sie hatte also Pausenaufsicht. Wenn sie wüsste!

„Ein Wort zu Stober“, zischte Benno, „dann kannst du gleich dein Testament machen, das weißt du doch!“

Dennis war jetzt auch da. Die drei. Immer die drei.

„Komm, Zwerg, ein bisschen Tempo, sonst ist die Pause gleich rum!“

Sie hatten sich wieder den besten Platz ausgesucht. Hinter den Toiletten bekam niemand mit, was passierte.

Und wenn, es war ja nur ein Spiel! Sie spielten Ball, spielten mit ihm, dem Zwerg. Er war ihr Ball. Sie warfen ihn, jagten ihn, zerrten ihn hin und her.

„Jetzt zu mir rüber, los, mach schon!“ rief Benno. Er stand am Rand einer großen Pfütze. Max wehrte sich. Er hatte doch schon nasse Füße.

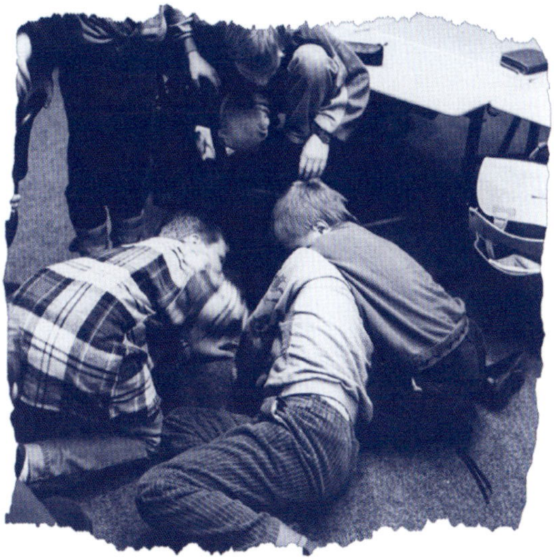

Dabei wusste er längst, dass es sinnlos war, sich zu wehren. Drei gegen einen!

„Willst dich wohl nicht mehr nass machen, was?“ Christian lachte. Und schon packten sie ihn an Armen und Beinen und ließen ihn über der Pfütze kreisen.

„Tiefer!“ befahl Christian. „Noch tiefer!“

Als sie ihn wieder auf die Beine stellten, fühlte Max kalte Feuchtigkeit auf der Haut.

Einige Tage später:

„He, Zwerg!“ Christian stieß ihn von hinten an. „Bringen dich heute die Beatles zum Träumen?“ Max öffnete die Augen. Drehte sich langsam um. Sah Christian ins Gesicht.

„In der Pause“, flüsterte Christian, „denk daran, Zwerg, da ist mal wieder ein Ballspiel fällig.“

„Nein“, sagte Max und ließ Christian nicht aus den Augen, „mit mir nicht mehr!“

(Inge Meyer-Dietrich)

A *Wie beurteilt ihr das Verhalten von Max?*
Was könnte in den Tagen zwischen den beiden Begegnungen von Max und Christian passiert sein? Schreibt auf, was Max erlebt haben könnte. Lest eure Texte vor und diskutiert darüber.

Worüber man am liebsten nicht spricht

Ich bin der Amboss

Q Ich bin bei uns der Amboss in der Klasse. Das ist sehr wohl zweideutig zu verstehen: der Amboss ist ziemlich schwer, und vor allem haut ständig einer darauf herum. Ich habe nicht den Mut zurückzuschlagen.
Die Jungs ergötzen sich an meiner Superoberweite, und die Mädchen übertrumpfen sich gegenseitig mit den bestwirkenden Schlankheitsdiäten für mich. Apfel-Karotte oder Knäcke-Tomate oder so. Die Matheaufgaben darf ich ständig erklären, aber ob ich mal mit ins Kino möchte, fragt mich niemand. („Die Susanne nimmt ja zwei Sessel ein ...")
So haben die halt wen, den sie foppen können. Aber es tut schon verdammt weh. Mir wäre lieber, die würden mich schlagen. Geschlagener Schmerz geht vorbei.
Ein besonders übles Beispiel, wo Dicksein zum Verhängnis wird: der Sportunterricht. Die Mädchen freuen sich, Schwabbel-Wappel zu sehen, und die Sporttante weiß endlich, wen sie zum Schikanieren hat. Ich hasse Sport. Und jetzt sitze ich hier auf der Langbank und warte auf mein Todesurteil. Heute ist Zensurenturnen. Am Barren. „Melanie Fischer!" Melanie erhebt sich graziös von der Bank. Melanie – das Ass in Sport und ungefähr fünfzig Pfund schwereloser als ich. Sie schwebt sozusagen überall hin.
„Susanne Irsk!" Also, ich nehme den Kampf auf mich. Bin ja ein braves Mädchen. Ich höre Gekicher, als ich auf die Matten gehe. Nichts ist so schlimm wie das Gekicher! Fest greife ich den unteren Holm. Ich merke, wie mein T-Shirt verrutscht. Bestimmt kann jeder meinen Bauch sehen! Und meinen Busen! Scheußlich! Mein Kopf wird ganz heiß. Tomate lässt grüßen! Hoffentlich ist es schnell vorbei, hoffentlich! „Streng dich doch endlich mal an, Susanne!" ruft die Hahn genervt. Blöde Kuh! Was glaubt die denn, was ich hier mach? Die Blicke – belustigt – mitleidig – der Mädchen brennen mir im Kreuz. Ich spüre es genau, sie lachen über mich. Na wartet! Der Sprung. Irgendwas läuft schief. Ich knalle mit dem Rücken auf die Matte. Die Tränen schießen mir in die Augen, aber nicht vor Schmerz! Wieso mag mich niemand? Was glotzen die mich so an? Ich wische mir mit dem Handrücken die Tränen von den Backen. Die Hahn stürzt heran: „Susanne!" Da sollte man meinen, die wäre besorgt, Pustekuchen! Der Tadel knallt mir ins Gesicht. Alle stehen um mich herum und starren mich an. Nur Melanie tritt hervor. Brigitte Bardot beugt sich über mich. „Ja, Susanne, hast du dir wehgetan?" Ich mir? Ihr mir!! Tag für Tag! Und auf einmal krieg ich so eine Wut! Als ob die das interessieren würde, ob der Mops sich wehgetan hat. Dauernd muss ich Sachen tun, die mich demütigen, und mit ihrer Arroganz tun sie mir dermaßen weh, verdammt weh. Und da meinen sie, dieser Sturz schmerzt? Ha! Und ich fange an zu schreien, genau in Melanies Gesicht. Die zuckt zurück. Baff! Brüllen, brüllen, alles raus. Die Hahn flippt aus! Brüllen, immer weiter, bloß ein Ton. Dann klappe ich meinen Mund zu, raffe meine Sachen zusammen. Ab durch die Mitte!

(Julia, 14 Jahre)

A *Was haben Susannes Erfahrungen mit Gewalt zu tun?*
Wie hättet ihr euch verhalten?
Habt ihr ähnliche Situationen erlebt? Berichtet darüber.
Überlegt euch verschiedene Varianten, wie es nach dieser Auseinandersetzung für Susanne und ihre Mitschüler/Mitschülerinnen und ihre Sportlehrerin weitergehen könnte. Spielt mögliche Konfliktlösungen nach.

Schreien, Toben, Boxen – bei euch gibt's das nicht?

Fragebogen zum Thema: Gewalt in der Klasse

	immer	manchmal	nie
Es gibt Schlägereien.			
Es gibt Cliquen.			
Beleidigungen stehen auf der Tagesordnung.			
Über Probleme wird offen gesprochen.			
Es wird viel hinter dem Rücken geredet.			
Gemeinheiten gegen einzelne Schüler finden schnell Mehrheiten.			
Es ist immer klar, wo der Spaß aufhört.			
Es gibt viel Konkurrenzverhalten.			
Das Verhalten zwischen Jungen und Mädchen beruht auf gegenseitiger Achtung.			
Es werden häufig Sachen von Mitschülern beschädigt oder beschmutzt.			
Bei uns haben nur ein oder zwei das Sagen.			
Es kommt häufig vor, dass sich Schüler gegenüber Lehrern aggressiv verhalten.			
Es kommt häufig vor, dass sich Lehrer gegenüber Schülern aggressiv verhalten.			

A *Wie schätzt ihr die Situation in eurer Klasse ein?*
Führt eine Befragung durch und wertet die Ergebnisse aus. Unseren Fragebogenvorschlag könnt ihr für eure Befragung kopieren oder per Computer abschreiben bzw. abwandeln.
Wertet die Ergebnisse eurer Befragung aus. Zu welchen Schlussfolgerungen hinsichtlich der Gewaltbereitschaft in eurer Klasse kommt ihr?
Denkt über Ursachen und mögliche Veränderungen nach. Erarbeitet in kleinen Gruppen Vorschläge und stellt sie zur Diskussion.

Zwischen Leistungsdruck und Langeweile

Ein ganz normaler Schultag

Q Am besten fange ich mit einem stinknormalen Schultag an. Montagmorgen. Erste Stunde: Französisch. Ach du lieber Schreck! Vokabeln herbeten, neue Grammatik, mordsmäßig viele Hausaufgaben, besonders Auswendiglernen. Schon mal ein Mistanfang ... Antreten zum Englisch-Konversationskurs (für Fortgeschrittene, dass ich nicht kichere!), einfach, langweilig und ewig dasselbe ... Deutsch: Fallada „Damals bei uns daheim". Das Buch an sich ist o. k., aber die schulische Arbeit mit dem Text vermiest einem die ganze Freude daran ... Am liebsten hab' ich Musik. Da hab ich was drauf. Gitarre und so. Da aber heute ist und Freitag ist, muss ich mein Verlangen nach echter kreativer Tätigkeit noch zurückhalten ... Also, ihr könnt sagen, was ihr wollt, am allerliebsten habe ich die Stunden, wenn die Lehrer selbst keine richtige Lust haben und den Unterricht mehr schlecht als recht durchziehen ... Wenn sie sich dagegen voller Elan an die Sache ranmachen, dann arbeiten sie so zielstrebig und intensiv mit uns und lassen nicht locker, bis man selbstständig eine Lösung findet. Das geht ganz schön auf den Geist.

(Maria)

A *Welche Gefühle löst der „stinknormale" Schultag bei der Schülerin aus?*
Welche Ursachen gibt es dafür?
Was hat dieser Schultag mit Gewalt zu tun?
Gestaltet einen Comic, wie bei euch ein „stinknormaler" Schultag verläuft. Legt eure Comics dann in einen Kreis und sprecht darüber.

Mach kaputt, was dich kaputtmacht! Aus einem Interview

Q *Interviewer:* Wie kommt es eigentlich, dass Schüler schon mal Sachen beschädigen und kaputtmachen?
Klaus: Wenn die Schüler vorher mit dem Lehrer Ärger hatten, dann lassen sie ihre Wut an Gegenständen aus.
Ulrike: Oder wenn man eine Arbeit wiederbekommt, einmal hatte ich auch 'ne 6 bekommen, und da hab' ich alles auseinandergenommen, was mir in die Quere kam.
Jörg: Also, die Wut staut sich auch im Unterricht auf. Wenn der Lehrer zum Beispiel schlechte Laune hat, dann hat man selber auch schlechte Laune und kriegt auch Wut auf den Lehrer und dann wird halt am Ende der Stunde oder in der Pause, da wird dann die Wut halt an den Toiletten oder halt am Klassenraum oder an den Gegenständen, die rumstehen, ausgelassen.
Monika: ... oder auch an den Mitschülern.

A *Welche Gründe für aggressives Verhalten in der Schule werden hier genannt?*
Nennt weitere Beispiele aus eurer Erfahrung.
Gegen wen oder was richtet sich jeweils die Aggression?
Wie könnte man dem aggressiven Verhalten vorbeugen?

P Befragt Schüler und Schülerinnen zu Ursachen von Gewalt in der Schule. Nehmt die Gespräche mit der Videokamera oder dem Recorder auf und wertet die Ergebnisse aus.

Brave Mädchen – freche Jungen?

Beschimpfungen und Anmachen. Aus einer Diskussion in einer 8. Klasse

Franka (13 Jahre):
Unsere Jungs ergötzen sich am Blödeln und Anmachen. Besonders stark fühlen sie sich, wenn kein Lehrer in der Nähe ist. Ich hatte mich während der Pause auf dem Schulhof in eine abgelegene Ecke verzogen, weil ich allein sein wollte. Ich dachte, hier hast du endlich einmal deine Ruhe. Aber Frank, Peter und Ronny hielten regelrecht Ausschau nach mir und entdeckten mich. Sie drückten mich an die Mauer und wollten mich befummeln. Obwohl ich laut geschrien habe, kam niemand.

Angela (14 Jahre):
Ich finde Eddy ganz gut. Das haben die anderen Jungen mitgekriegt. Und schon ging die Hänselei los. Gut, das hätte ich noch verkraftet. Aber vor zwei Tagen haben sie uns beide gepackt und gewaltsam aneinandergedrückt. „Los, küsst euch!" haben sie gebrüllt. Ich hab mich so geschämt.

Peter (14 Jahre):
Uns gegenüber stellen sich die Mädchen an. Aber unter sich klatschen sie gewaltig über uns. Und wenn sie mich allein erwischen, ziehen sie auch ganz schön über mich her. Und wenn sie erst den Boys aus der Zehnten begegnen, dann sind sie plötzlich nicht mehr so zimperlich.

Ronny (15 Jahre):
Die Mädchen sind gewaltig zickig. Das ist doch alles bloß Spaß. Gewalt ist ganz was anderes. Das wissen die Mädchen doch genau.

Eva (14 Jahre):
Unser „starkes Geschlecht" findet es gut, mit Sauereien anzugeben. Ich finde das total blöd. Es bedeutet für mich eine Belästigung.

A *Wie gehen Jungen und Mädchen in eurer Klasse miteinander um? Sprecht darüber. Was meint ihr zu Frankas Aussage?*

Von Geburt verschieden?

Q Es ist allgemein bekannt, dass der Säugling anfangs keinen Unterschied zwischen dem Körper der Mutter und seinem eigenen erkennt. Im Gegensatz zu seiner Schwester, die sich sogleich mit der Weiblichkeit der Mutter identifiziert, muss das männliche Kind erhebliche Anstrengungen machen, um sich von seiner Mutter zu differenzieren, sich seines eigenen Körpers bewusst zu werden und in die Welt der Männer einzudringen.
Margaret Mead (amerikanische Verhaltensforscherin) weist darauf hin, dass das kleine Mädchen nicht vor einer solchen Herausforderung steht. Hat es anfangs noch Zweifel über seine künftige Mutterrolle, so schwinden diese, wenn es Kinder kriegt: „So beginnt und endet das Leben der Frau mit Sicherheit. Zuerst durch die einfache Identifizierung mit der Mutter, zuletzt mit der Gewissheit, dass diese Identifizierung wahr ist und sie ein anderes menschliches Wesen hervorgebracht hat."
Doch beim Jungen läuft es umgekehrt ab. Er muss erkennen, dass er von seiner Mutter verschieden ist, dass er kein Wesen ist, dessen Körper Kinder hervorbringt. Er muss aus sich herausgehen, in die Außenwelt eindringen, etwas produzieren, einen eigenen Bereich finden, in dem er etwas leistet. Mit anderen Worten, er muss sich der Tatsache bewusst werden und zeigen, dass er ein von der Frau verschiedenes Wesen ist.

(Elisabeth Badinter, französische Philosophin)

A *Wie ist eure Meinung zur unterschiedlichen Entwicklung von Jungen und Mädchen?*

Ich bin du und du bist ich

Q Oft kommt es zu Grenzverletzungen, weil sich Jungen und Mädchen in die jeweils andere Geschlechterrolle nicht hineinversetzen können. Verstehen, was der andere denkt und fühlt, ist aber eine wichtige Voraussetzung für angemessenes Verhalten. Die beiden folgenden Vorschläge sollen euch dabei helfen. Mädchen und Jungen spielen die Situationen getrennt voneinander und besprechen anschließend die Ergebnisse und Erfahrungen.

Die Mädchen vervollständigen folgende Sätze:
- Wenn ich ein Junge wäre, müsste ich ...
- Wenn ich ein Junge wäre, dürfte ich ....
- Weil ich ein Mädchen bin, muss ich ...
- Weil ich ein Mädchen bin, darf ich ...

Die Jungen vervollständigen folgende Sätze:
- Wenn ich ein Mädchen wäre, müsste ich ...
- Wenn ich ein Mädchen wäre, dürfte ich ...
- Weil ich ein Junge bin, muss ich ...
- Weil ich ein Junge bin, darf ich ...

(In: Psychologie heute, 25. Jahrgang, Heft 11)

Aufeinander zugehen

Heißer Stuhl

Spielbeschreibung:
Die Teilnehmer sitzen im Kreis, in der Mitte steht der „heiße Stuhl", gegenüber ein zweiter. Darauf setzt sich die Person der Klasse, die momentan am meisten Zuwendung braucht oder am meisten auffällt. Nacheinander setzen sich nun alle auf den „heißen Stuhl" und sagen der Person etwas, was sie an ihr besonders mögen (Aussehen, Eigenschaft, Leistung).
Daran sollten sich alle beteiligen, auch diejenigen, die die Person nicht mögen.
Der Stuhl wird als „heiß" empfunden, weil es vielen schwerer fällt, jemanden zu loben, als ihn zu beschimpfen.

(In: Psychologie heute, 25. Jahrgang, Heft 11)

A *Sprecht über eure Empfindungen auf dem „heißen Stuhl".*
Warum ist es oft viel schwerer, jemanden zu loben, als ihn zu beschimpfen?
Aber auch das Aussprechen und Einstecken von Kritik will gelernt sein. Ändert die Spielregeln entsprechend um.
Stellt Regeln dafür auf, wie Kritik geäußert werden sollte.

Gemeinsam sind wir stark!

Spielanleitung:
Zwei Personen tun so, als ob sie Streit miteinander hätten und sich prügeln wollten. Sie stellen sich an gegenüberliegenden Wänden auf, etwa 15 Personen stehen zwischen ihnen.
Sie dürfen sich anfassen und unterhaken. Die Kontrahenten fangen an, sich zu beschimpfen, und versuchen, aufeinander loszugehen. Die Gruppe in der Mitte muss dafür sorgen, dass die beiden nicht zueinander kommen. Es darf nicht geschubst oder geprügelt werden. Die Gruppe darf nur passiven Widerstand leisten. Es darf auch während des Spiels nicht mit den Händen festgehalten werden. Solange noch eine Person zwischen den Streithähnen ist, dürfen sie nicht kämpfen.
Das Spiel ist aus, wenn die Gegner es zueinander geschafft haben.

(In: Psychologie heute, 25. Jahrgang, Heft 11)

A *In welchen Situationen kann und sollte eurer Meinung nach die Gruppe eingreifen?*
Stellt Regeln dafür auf, wie das geschehen könnte, um die Eskalation von Konflikten zu vermeiden.

Nachgedacht

Können Spiele gegen Gewalt dazu beitragen, Streitsituationen zu entschärfen und Konflikte zu lösen? Warum? Warum nicht?

Wege aus der Gewalt

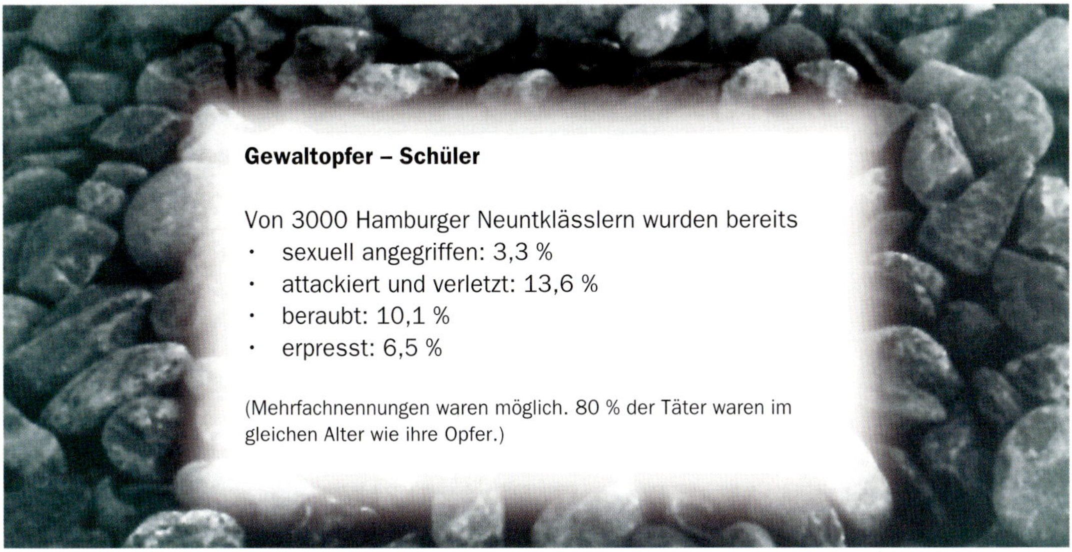

Gewaltopfer – Schüler

Von 3000 Hamburger Neuntklässlern wurden bereits
- sexuell angegriffen: 3,3 %
- attackiert und verletzt: 13,6 %
- beraubt: 10,1 %
- erpresst: 6,5 %

(Mehrfachnennungen waren möglich. 80 % der Täter waren im gleichen Alter wie ihre Opfer.)

Anti-Rambo-Vertrag

Zum neuen Schuljahr startete eine Schule in Hamburg einen bundesweit einmaligen Versuch: Alle Schüler, selbst ABC-Schützen, müssen einen Schulvertrag unterzeichnen. Darin verpflichten sie sich, „niemanden zu erpressen, niemandem wehzutun und keine Waffen mitzubringen“.

Die Schulleiterin glaubt an den Erfolg ihres Friedensabkommens: „Die Kinder nehmen den Schulvertrag sehr ernst.“ Auch die meisten Eltern haben sich mit dem ungewöhnlichen Pakt angefreundet. Es gibt nur „wenige ablehnende Mütter“.

Unmut äußern aber auch einige Fachleute. Karen Medrow, Vorstandsmitglied vom Elternverein Hamburg: „Über diesen Alleingang kann man nur entsetzt sein.“ Das Argument der Kritiker: Die Kinder können noch nicht einmal lesen und schreiben, sollen aber schon einen Vertrag unterzeichnen. Dieser Vorwurf ficht die Schulleiterin nicht an. Die Eltern müssten ihren Kindern die Regeln erklären und würden dadurch „hoffentlich selbst aufgerüttelt“.

Die kreative Paukerin plant sogar noch weitere Verträge, um den „Waffenstillstand“ an ihrer Schule abzusichern. Künftig sollen sowohl Eltern als auch Lehrer einen Vertrag unterzeichnen. „Eltern können sich verpflichten, ihren Kindern ein Pausenbrot zu schmieren, und Lehrer versprechen, alle Schüler fair zu behandeln.“

(Focus v. 28.9.1998)

Wie beurteilt ihr diesen Versuch? Meint ihr, dass er zur Verminderung von Gewalt an Schulen beiträgt?
Was haltet ihr von einem „Gewaltverzichtsvertrag“, der auch Eltern und Lehrer einschließt?

Entwerft „Gewaltverzichtsverträge“ und diskutiert sie in der Klasse und in der Schulkonferenz.

3. Was darf ich hoffen?

Kannst du dir vorstellen, ohne Angst zu leben?

Wie lässt sich Angst überwinden?

Gibt es Gott wirklich?

Warum glauben Menschen an Gott?

Wie sieht die Welt von morgen aus?

Warum träumen Menschen von einer besseren Welt?

? ? ? ? ?

A *Sucht euch eine Frage aus und versucht sie weiterzudenken, indem ihr verschiedene Zusatzfragen stellt.*

- *Wie stelle ich mir Gott vor?*
- *Wo begegnet mir Gott?*
- *Was heißt wirklich?*

3.1 Vor Angst steht Schweiß auf meiner Stirn

Fürchte dich!

Singsing-Maske eines Papua-Mädchens

Das 1. Gebot der Papua-Jugendweihe

1. Du sollst dich fürchten! Am Tag sollst du dich besonders vor den Geisterplätzen, Geisterhöhlen, Geisterwassern, Geisterfelsen und Geistertieren und überhaupt vor allem, was mit Geistern zusammenhängt, fürchten. Noch viel mehr sollst du dich aber in der Nacht fürchten, wo die Geister umgehen. [...]

Dieses Gebot und ähnliche Gebote wurden der Papuajugend in einer Art Unterweisung vor der Jugendweihe zum Teil unter harten Drohungen eingeschärft: „Weicht ihr davon, so sind Unheil und Rache der Ahnen, Tod und Verderben euer Los; dann bringt ihr Unglück über Sippe und Stamm; dann werdet ihr totgeschlagen und bei (Menschenfresserstämmen) aufgefressen."

(Christian Keysser, Ethnologe)

Welchen Sinn kann es für die Papuas haben, eine solches Gebot aufzustellen? Informiert euch über das Leben in Papua-Neuguinea. Was flößt euch Angst ein? Geister? Andere Kulturen? Andere Menschen? Ihr euch selbst? Sprecht in der Klasse darüber. Malt eine Geistermaske und vergleicht anschließend eure Zeichnungen.

Fanatisch

Hörst du ein leichtes Kratzen an der Tür
Das Stöhnen auf dem Hausflur
das gilt dir
du kannst sicher sein
dein Schrein bleibt ungehört
niemand der uns stört
stelln sich deine Nackenhaare hoch
wirst mich nie los
ich find dich doch
steht vor Angst auf deiner Stirn dir der Schweiß
hab ich mein Ziel erreicht
hab ich mein Ziel erreicht [...]

(Herbert Grönemeyer, Liedermacher)

Siehst du Unterschiede zum Gebot der Papuas? Hört euch das Lied von Grönemeyer an und sprecht darüber.

Otto Dix, Der Krieg
Triptychon, 1929–1932

A *Betrachte das Bild von Otto Dix genau. Beschreibe den Inhalt des Bildes, notiere vorher Stichwörter dazu.*
Dix hat dieses Bild 1929–1932 gemalt. Finde etwas über die Zeit um 1930 in Deutschland heraus. Welche Rolle könnte die Angst für Dix oder einen Zeitgenossen von ihm spielen? Welche Rolle spielt die Angst im Bild?

Zwischen Moskau und Berlin

Q Wir lagen zwischen Moskau und Berlin
Im Rücken einen Wald ein Fluss vor Augen
Zweitausend Kilometer weit Berlin
Einhundertzwanzig Kilometer Moskau
In Schützenlöchern aus gefrornem Schlamm
Und warteten auf den Befehl zum Einsatz
Und auf den ersten Schnee und auf die Deutschen
Tags hörten wir die Front nachts sahn wir sie
Die Deutschen hatten was wir brauchten
Panzer Flugzeuge den Hochmut der Sieger
Meine Soldaten hatten Angst und wenig mehr
Angst ist die Mutter des Soldaten und
der erste Schnitt geht durch die Nabelschnur
Und wer den Schnitt verpasst stirbt an der Mutter
Meine Soldaten kamen von der Schule
Im Kino hatten sie den Krieg gesehn
Ich war ihr Kommandeur und meine Angst war
Die Angst vor ihrer Angst Und näher kam
die Front und von der Front die Deserteure

(Heiner Müller, Schriftsteller)

A *Beschreibe anhand des Gedichtes, was du unter „Angst“ verstehst.*
Erstelle eine Art Begriffsbild in deinem Heft. In dieses Bild kannst du alle bisherigen und zukünftigen Aspekte des Begriffes Angst einbauen.

Wer hat Angst vor ...?

Erst muss etwas Schlimmes passieren

Q Beim Tauchen kann man sehen, wie die Korallen kaputtgehen. Das macht mir sehr viel aus. Und da ist ja kein Ende abzusehen. Aufgehalten werden kann das nur, wenn die Menschen aufwachen. Und sie wachen erst auf, wenn etwas ganz Schreckliches passiert, wenn es eine richtige Katastrophe gibt, wenn zum Beispiel ein ganzer Kontinent verbrennt. Ich glaube nicht an so etwas, dass 2000 die Welt untergeht. An so etwas glaube ich wirklich nicht. Ich denke aber, dass es schlagartig etwas geben wird, dass irgendwas passiert. Und ich denke auch, dass dagegen etwas gemacht werden muss. Aber wann und wo und wie, das weiß ich nicht. Und vor allen Dingen weiß ich nicht, wer da was machen soll. [...] Es macht mir schon Angst, dass es zu viele Leute gibt, die der Überzeugung sind, dass man so weiterleben kann, wie es jetzt läuft. Ich weiß nicht, wie etwas passieren kann. Ich weiß zum Beispiel nicht, wie man das Benzin so verändern kann, dass die Ozonschicht nicht kaputtgeht.

(Benjamin, 15 Jahre)

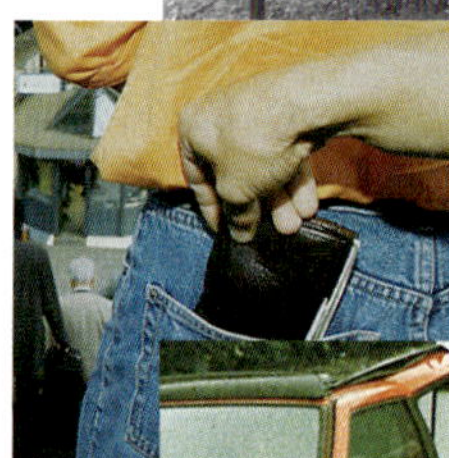

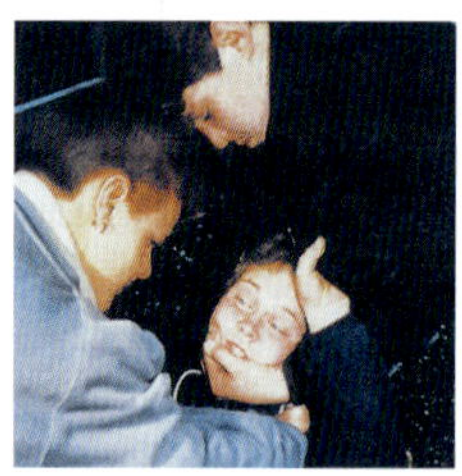

P Erarbeitet gemeinsam einen Fragebogen zum Thema Angst, den ihr anonym an eurer Schule ausfüllen lasst und in der Klasse auswertet.

Ein Tipp

Schaut auch ins Internet, z. B. bei http://post.blackbox.at/fcweb/Lit-Poesie & Lyrik/Angst.htm. Ein Gedicht über die Angst eines Unbekannten.

A *Kennst du ähnliche Situationen? Diskutiert darüber in der Klasse.*

„Aus euch sollen einmal Persönlichkeiten werden.“

Die Geduld der Angst

Q Ein Bulle wurde von einem Löwen verfolgt. Er flüchtete in eine Höhle, die von Wildziegen bewohnt wurde. Die Ziegen stießen dem Bullen ihre Hörner in die Rippen. „Das lasse ich mir gefallen, nicht weil ich Angst vor euch habe“, sagte er, „sondern weil ich Angst vor dem Biest da draußen habe.“
Aus Angst vor Stärkeren nimmt man die Angriffe von Schwächeren in Kauf.

(Äsop)

A *Schreibt die Fabel weiter und sprecht anschließend darüber.*

A *Wie könnte man das Bild weiterzeichnen? Unterbreitet Vorschläge für neue Bildelemente.*

Von Helden und Hasenfüßen

Asterix bei den Normannen*

A *Welche positiven Aspekte hat die Angst für die Wikinger gehabt?*
Versucht etwas über die Diesseits- und Jenseitsvorstellungen der Wikinger zu erfahren. Schaut ins Lexikon oder ins Internet.

Wie ein junger Fuchs der Dunkelheit begegnete

Q Wie jeden Nachmittag machte sich Mutter Fuchs auf die Jagd. „Dass mir ja keiner den Bau verlässt, solang ich fort bin!" ermahnte sie ihre drei Jungen und verschwand im Unterholz.

Der Fuchsbau lag am Rande einer kleinen Lichtung, umgeben von einem weiten, dichtbewachsenen Wald. „Dort im großen Wald ist es bestimmt viel aufregender als hier in diesem engen Loch", seufzte der älteste der drei Geschwister. „Ja, aber wir sollen hier warten", erwiderten die anderen. „Ach was, ihr seid bloß Angsthasen", sagte der kleine Fuchs. „Ich will nicht länger warten!" Er zwängte sich aus dem Bau und lief in den Wald hinein.

Bald schon wusste er nicht mehr, wo er war, und es wurde ihm ein wenig mulmig zumute. Doch die Strahlen der sinkenden Abendsonne kitzelten so angenehm seine spitze Nase, und es gab so viel Neues und Aufregendes zu entdecken, dass er darüber die Zeit vergaß.

Dann brach die Dämmerung herein. „Besser ich kehre um, bevor sich die anderen Sorgen machen." Doch er fand den Weg nicht mehr. „In welche Richtung soll ich laufen? Ein Baum ist wie der andere. Und ist es erst dunkel, werde ich wohl nie mehr zurückfinden!" Mit einem Mal bekam er große Angst. Zitternd kroch er unter eine große Wurzel und weinte. „Was soll dieses Gejaule?" raunte eine Eule, die ganz in der Nähe in einem Baumwipfel saß. Der kleine Fuchs horchte auf. „Wer spricht da?" „Das ist wieder mal typisch, keiner von euch Nachtschläfern will mich kennen, weil ich eine Eule bin." „Tut mir sehr leid, Eule", erwiderte der kleine Fuchs, „aber ich kenne dich auch nicht." „Hast du denn gar keine Angst vor mir?" „Warum soll ich Angst vor dir haben, ich kann dich ja nicht einmal sehen. Ich sehe überall nur Dunkelheit!" Und er fing wieder an zu weinen, weil er an seine Familie denken musste, die er sehr vermisste. „Wenn du keine Angst vor mir hast, warum verkriechst du dich dann?" „Weil", schluchzte der kleine Fuchs, „ich ganz allein bin und nicht mehr nach Hause finde, und weil ich mich vor der Dunkelheit ängstige!" „Verstehe, du hast dich verirrt, aber warum ängstigst du dich vor der Dunkelheit?" „Die Dunkelheit ist hässlich und böse", antwortete der kleine Fuchs hastig, „auf mächtigen Schwingen schwebt sie lautlos durch die Nacht. Sie sucht nach mir mit ihren großen Augen, um mich mit ihren Krallen zu packen und mit ihrem bösen, krummen Schnabel zu verschlingen!" Da lachte die Eule: „Nun ja, so gesehen, ist es klug von dir, dich vor ihr zu verstecken, aber beruhige dich, ich kenne die Dunkelheit, sie wird einem Gernegroß, wie du einer bist, nichts antun. Schärfe einfach deine Nase, spitze deine Ohren, dann wirst du erkennen, dass sie nicht hässlich und böse, sondern weise und schön ist wie [...] übrigens, nicht weit von hier sehe ich eine Lichtung, und ich glaube, deine Familie ruft nach dir." Der kleine Fuchs spitzte vorsichtig seine Ohren und wirklich, mit einem Mal hörte er die Rufe seiner Mutter. Er streckte seine Nase unter der Wurzel hervor und witterte ihre Nähe. „Danke, Eule!" rief er erleichtert und machte sich auf den Weg. Die Eule sah ihm noch eine Weile nach, dann öffnete sie ihre großen Schwingen und verschwand lautlos in der Nacht.

(Jens Paarmann, Schriftsteller)

A *Warum verlässt der kleine Fuchs den Bau? Warum bleiben seine Geschwister?*
Wovor hat der kleine Fuchs plötzlich Angst? Kennt ihr ähnliche Situationen?
Welche Rolle spielt die Eule?
Wodurch überwindet der Fuchs seine Angst?
Welche Stadien der Angst durchläuft der Fuchs?
Erstellt ein Begriffsbild und erweitert euer Begriffsbild „Angst".

Angst vor dem Fliegen

Jacques-Henri Lartigue,
Flugversuch (Foto, um 1910)
und Strandspiele (Foto, 1905)

A *Betrachte die Fotos des französischen Fotografen Jacques-Henri Lartigue, die zwischen 1905 und 1910 entstanden sind. In welchem Zusammenhang stehen Angst, Furcht und der Wille zur Freiheit?*
Schreibt eine kurze Geschichte dazu. Sprecht anschließend darüber, wie ihr mit euren Ängsten, zum Beispiel der Angst vor dem Fliegen, umgeht.

Wer aktiv wird, hat weniger Angst

Die Umweltängste von Jugendlichen nehmen mit aktivem Einsatz für Naturschutzbelange ab. Zu diesem Ergebnis kommt eine von der Technischen Universität Chemnitz durchgeführte Studie, die der Sozialforscher Prof. Dr. Boehnke in Potsdam vorgestellt hat. [...] Mindestens jeder Zweite unter den Befragten aller Gruppen habe der Aussage zugestimmt, „dass uns die Umweltzerstörung in absehbarer Zeit überrollen wird", erläutert der Sozialforscher Daniel Fuß.

A *Wie würdest du mit Angst umgehen?*
Kennst du Projekte, mit denen man gegen die Umweltzerstörung angehen könnte?
Beteiligst du dich an solchen Projekten? Warum? Warum nicht?

SAMS & 42

A *Nehmt via E-Mail-Adresse*
Http.htm://www.erzwiss.uni-hamburg.de/hiphop/html/beziehung_angst_träume I
Kontakt zu den Schülern des Projekts Hip-Hop auf.

Angst

Q Die Angst führt zur Einbildung. Also man glaubt, dass man Angst hat, man hat aber keine, weil man sich in die Angst nur hineinsteigert und das zur Einbildung der Angst führt. Man weiß noch nicht, dass man sich die Angst nur einbildet, und glaubt deswegen, dass man Angst hat.

(Hanna)

A *Diskutiert Hannas These, dass Angst nur Einbildung sei.*
Wenn man wüsste, dass Angst nur Einbildung ist, hätte man dann keine Angst mehr?

Verdammt zur Freiheit

A Schaut euch den Film „Crocodile Dundee“ an. Was sagt er über das Verhältnis von Freiheit, Angst und Verantwortung aus? Welchen Zusammenhang seht ihr?
Ist der Mensch auf dem Land freier als in der Stadt? Findet Gründe.
Entwerft ein sogenanntes Storyboard mit sechs Szenen für einen Film, der dieses Verhältnis von Angst und Verantwortung ähnlich wie in dem Film „Crocodile Dundee“ behandelt.

Filmszene aus „Crocodile Dundee“

Auf dem Friedhof

Q Ein Kind träumt:
Über dem Friedhof liegt Nebel.
Unheimliche Gestalten tanzen
Zwischen den Gräbern umher.

Auf dem Schulweg:
Hinter der Friedhofsmauer
Lauert dem Kind die Stille.
Es schaudert, beschleunigt den Schritt.

Ein Vollmondtraum:
Figuren aus Nebel tanzen
Ums Kind tanzen sie den Reigen.
Ein Finger lässt platzen den Traum.

Am Tag darauf:
Über der Friedhofsmauer
Bedrohlich schwebt ein weißer Geist.
Ein Schneeball, der Geist fällt zu Hauf.

(SAMS, Codename für eine Schülerin)

A *Diskutiert die Aspekte von „Angst“, die im Gedicht beschrieben werden.*
Versucht ebenfalls Gedichte über eure Angst zu schreiben.
Ist SAMS frei? Warum? Warum nicht?

Tu, was du willst

Q Es geht hier nicht darum, sich die Zeit zu vertreiben, sondern sie gut zu nutzen. Der offensichtliche Widerspruch, der in dem „Tu, was du willst" steckt, ist nur ein Reflex des Kernproblems der Freiheit: dass wir nicht frei sind, nicht frei zu sein, dass wir nicht anders können, als frei zu sein. Und wenn du mir sagst, das sei alles schön und gut, aber du hättest genug und wolltest nicht länger frei sein? Und wenn du dich entscheidest, dich dem Meistbietenden als Sklave anzubieten oder zu schwören, dass du in allem und für immer diesem oder jenem Tyrannen gehorchen willst? Dann tust du das, weil du es so willst, also freiwillig; und auch wenn du einem anderen gehorchst oder mit dem Strom schwimmst, handelst du weiter so, wie es dir lieber ist: Du verzichtest dann nicht darauf zu wählen, sondern du wählst, nicht selbst zu wählen. Daher sagt der französische Philosoph Jean-Paul Sartre: Wir sind zur Freiheit verdammt. Von dieser Verdammung gibt es keine Begnadigung.

(Fernando Savater, spanischer Philosoph)

Benjamin Katz: J. L. Byars und A. R. Penck mit einer Baselitz-Skulptur, Galerie Werner 1983;
Benjamin Katz, A. R. Penck, James Lee Byars und Georg Baselitz sind Künstler und Zeitgenossen.

A *Wer hält sich an wem fest? Welche Facetten hat das „Festhalten" an der Figur? Oder halten die beiden die Figur?*
Savater spricht davon, dass wir wählen müssen, was wir tun wollen. Was hat das mit dem Problem der Angst zu tun?

Hilfe!

Wie ein morsches Schiff

Der norwegische Künstler und Denker Edvard Munch, geb. 1863, verlor im Alter von fünf Jahren seine Mutter. Im Alter von fünfzehn Jahren stirbt seine Schwester an Tuberkulose. Zu dieser Zeit ist Munch vierzehn Jahre alt. Krankheit, Tod und Lebensangst prägen die Atmosphäre, in der Munch heranwächst.

Edvard Munch, Angstgefühl, 1896

Q […] dazu kam die Angst vor dem Höllenfeuer, von dem der Vater den Kindern in „religiösen Anwandlungen, die an Wahnsinn grenzten“, viel erzählte. Diese Mitgift des Vaterhauses wurde der Ausgangspunkt seiner Kunst, sie verlangte nach befreiendem Ausdruck. […] Als ich vom Land abstieß, um ins Leben hinauszusegeln, fühlte ich mich wie ein Schiff aus altem morschem Material, das der Schiffsbauer auf das aufgewühlte Meer hinausgetrieben hat mit den Worten: „Gehst du unter, so ist es deine Schuld; da sollst du in der ewigen Hölle verbrennen.“ […] Hier bot die Kunst eine Hilfe. Munch erzählte einmal, dass er nach einem Streit mit dem Vater, wie lange die Ungläubigen in der Hölle leiden müssten, erregt fortstürzte und in der Stadt herumlief. Nach Hause zurückgekehrt, will er sich mit dem Vater aussöhnen. […] Leise öffnet er die Tür und sieht den Vater vor dem Bett knien und beten. Der Sohn geht auf sein Zimmer, findet keine Ruhe und beginnt den knienden Vater zu zeichnen, die Zeichnung stellt ihn zufrieden, und „ich war beruhigt und schlief sofort ein“.

Edvard Munch, Alter Mann im Gebet, 1902

A *Munch hat für sich eine Möglichkeit gefunden, sich mit seiner Angst auseinanderzusetzen. Kennst du andere Möglichkeiten, mit Angst umzugehen?*
Versuche Texte, Bilder oder Skulpturen zu finden, die eine Auseinandersetzung mit „Angst“ beinhalten. Bildet Arbeitsgruppen und ordnet eure Materialien nach inhaltlichen Gesichtspunkten.

A Betrachtet das Bild und schreibt eine kurze Geschichte oder ein Gedicht dazu. Diskutiert eure Ergebnisse. Lässt sich das Wort Angst durch andere Wörter ersetzen?

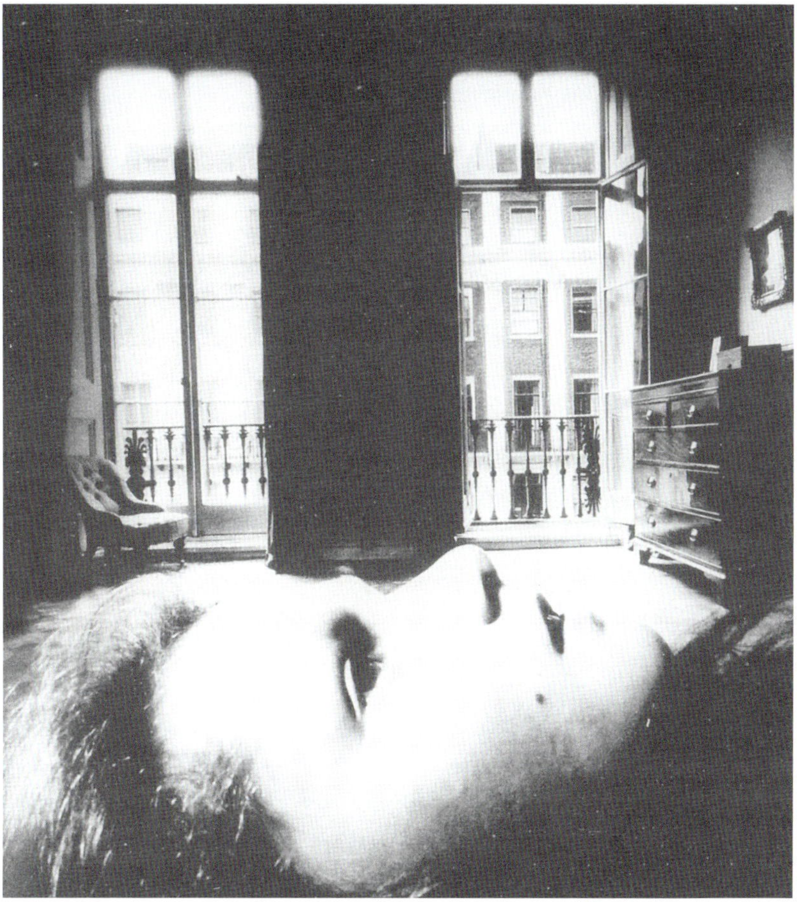

Bill Brandt, Porträt eines jungen Mädchens, Fotografie, 1955

Eine Geschichte zu Angst, Mut und Liebe

Q Voller Panik geht Scherezade zwischen die beiden, in der Absicht, ihrem Freund zu helfen. Obwohl die Spannung des Gefechtes etwas nachlässt, führt es jedoch nicht zur Beendung des Kampfes. Nach einem gezielten Stoß von Knut sinkt Hajo zu Boden. Scherezade sieht Knut schon als Sieger, als dieser zum entscheidenden Stoß anfährt. Scherezade versucht krampfhaft, klare Gedanken zu fassen. Angsterfüllt wartet sie auf den Zusammenstoß, traut sich nicht dazwischenzugehen, fängt dafür aber an zu schreien.
Doch anstatt Hajo zu rammen, hilft Knut ihm zurück auf die Rollen. Er möchte bei Scherezade gut ankommen; will sie durch diesen Gewaltakt beeindrucken, ihr aber auch zeigen, dass er nicht nur brutal sein kann, sondern auch der romantische Liebhaber, der ihr noch nicht vorgekommen ist. Um dies anzudeuten, lässt er Hajo im entscheidenden Moment in Ruhe. Trotz seiner netten Geste ist Knut nicht bereit, sich mit Hajo zu versöhnen, da er immer noch von Eifersucht getrieben ist. Knut wendet sich ab und geht davon. Es ehrt Scherezade, dass ein Junge um sie kämpft. Außerdem findet sie Knut sympathisch und ist von seiner Kraft beeindruckt.

(http://www.erzwiss.uni-hamburg.de/hiphop/html/das_liebespaar.html)

A Wie hättest du entschieden? Hättest du die beiden kämpfen lassen? Kennst du ähnliche Situationen? Berichte darüber.

3.2 Gibt es das Böse immer und ewig?

… die Schlechten ins Kröpfchen

Sieh dir die nachfolgenden Wörter an und sortiere sie wie Aschenputtel.
Vergleicht eure Ergebnisse. Gibt es Unterschiede? Wie lassen sich diese erklären?
Überlegt, wer oder was dafür verantwortlich ist, ob eine Sache als gut oder böse angesehen wird.

Sonnenschein, Verkehrsunfall, Autobahn, Vitaminzufuhr, Diebstahl, Kindergarten, Wärme, Schießerei, Rowdytum, Sommerferien, Knochenbruch der rechten Hand, Schneefall

Positiv oder negativ?

Qual, Marter

Embargo

Vademekum

emanzipiert

Handelssperre

befreit, selbstständig

geschmackvoll, ungewöhnlich

apart

trefflich, lichtvoll

Tortur

exmittieren

luminös

Ratgeber, Leitfaden

Abenteuer, gefahrenreiche Reise

zwangsweise räumen, heraussetzen

Odyssee

Ordne in deinem Heft die Fremdwörter den angeführten Bedeutungen zu.
Diskutiert darüber, ob die Fremdwörter mit einer positiven oder negativen Bedeutung belegt sind.

Böses im Bild

Terror gegen Juden in Deutschland, 1938

Bruderkrieg in Afrika, 1998

A *Betrachtet die Bilder und diskutiert dann in kleineren Gruppen darüber, was ihr seht, wie ihr die Abbildungen versteht, was ihr empfindet und wodurch eure Gedanken und Empfindungen hervorgerufen werden.*

Nicht artig

Q Man ist ja von Natur kein Engel,
Vielmehr ein Welt- und Menschenkind,
ringsumher ist ein Gedrängel
Von solchen, die dasselbe sind.

In diesem Reich geborner Flegel,
Wer könnte sich des Lebens freun,
Würd es versäumt, schon früh die Regel
Der Rücksicht kräftig einzubläun.

Es saust der Stock, es schwirrt die Rute.
Du darfst nicht zeigen, was du bist.
Wie schad, o Mensch, dass dir das Gute
Im Grunde so zuwider ist.

(Wilhelm Busch, Dichter)

Gut oder böse?

Eine schwierige Frage?

Q Die Frage, „was ist für den Menschen gut oder böse", ist also immer eine mehr oder minder verwickelte Aufgabe, bei deren Auflösung das meiste auf Ort, Zeit und Umstände ankommt. Dasselbe Wasser, das in Fässern und Krügen dem Seefahrer unentbehrlich ist, taugt nichts im Schiffsraum; dasselbe Feuer, das auf dem Herde gut ist, unsre Speisen zu kochen, würde in einer angefüllten Scheune großes Unglück anrichten; eben derselbe Trank ist dem Kranken Arznei, dem Gesunden Gift; oder in dieser Krankheit in kleiner Gabe heilsam, in einer andern, und in größrer Portion, tödlich.

Ich zweifle sehr, oder ich behaupte vielmehr für gewiss, dass man mir, im ganzen Umfang der Natur, selbst unter den nützlichsten und unentbehrlichsten Dingen kein einziges nennen könne, das auf andre Weise als unter gewissen Bedingungen und Einschränkungen gut für uns ist.

(Christoph Martin Wieland, Schriftsteller)

A *Wie unterscheidet Wieland gut und böse?*
Finde weitere Beispiele dafür, dass eine Sache jeweils nur relativ, d. h. auf bestimmte Umstände bezogen, gut oder böse sein kann.

Das Gute wollen reicht nicht

Der deutsche Philosoph Immanuel Kant trifft Unterscheidungen, wie sich das Böse im Menschen darstellt:

Der Mensch will das Gute, kann aber der Versuchung zum Schlechten nicht widerstehen.

Der Mensch tut Gutes nicht nur, weil es gut ist, sondern weil es ihm nützt.

Der Mensch handelt wissentlich böse.

A *Prüft, ob Immanuel Kant Recht hat.*

Weder gut noch böse?

Q Eines Tages war Davids Mutter nach Hause gekommen und hatte von einer großen, wunderschön bemalten Bodenvase geschwärmt.
Ein paar Tage später war sie allerdings schon vergessen. Nur bei David nicht! Er war in das Geschäft gegangen und hatte sie als Geburtstagsgeschenk von seinem Taschengeld gekauft und stolz nach Hause getragen.
Zwei Tage vor dem Geburtstag fuhr er mit der Straßenbahn zu einem Geschäft, in dem es auch um die Winterzeit blühende Frühlingszweige geben sollte. Auf der Rücktour war die Bahn sehr voll. David zwängte sich mit seinem großen, sperrigen Strauß hinein, blieb oft an den Sachen anderer Leute hängen, wurde geschubst und von der fahrenden Bahn geschüttelt.
Plötzlich passierte es: Er fiel in einer Kurve mit Schwung auf eine ältere Dame, riss ihr den Hut vom Kopf, der auf den nassen, schmutzigen Boden fiel, landete auf ihrem Schoß, auf dem die Frau vorsichtig eine Tüte hielt, und zerriss ihr mit den Zweigen die Strümpfe. Was sollte er tun? Bei der nächsten Haltestelle beeilte er sich auszusteigen.

Als er zu Hause ankam, dachte er bereits nicht mehr an die Frau, sondern freute sich auf die überraschten Augen seiner Mutter an ihrem Geburtstag.

A *In welcher Beziehung handelt David gut und in welcher böse?*

Stimmen folgende Sätze?

Eine Person ist weder gut noch böse. Sie ist in der Lage, zum Guten und zum Bösen in gleicher Weise fähig zu sein.
Die Person ist nicht gut oder böse an sich, sondern immer in Bezug auf etwas Bestimmtes.

A *Suche das „Bestimmte“ für gutes und für schlechtes Handeln bei folgenden Personen. Begründe deine Entscheidungen.*

Einbrecher	Zirkusclown	Forscher
Kampfhundehalter	Drogendealer	Krankenschwester
Fahrraddieb	Verkehrssünder	?

Mit Absicht böse?

Keine Minute später

Q Ben, 12 Jahre, soll mit seiner jüngeren Schwester Frankie und deren Freundin gemeinsam zur Schule gehen. Zu gefährlich erscheint den Eltern noch die zu überquerende Straße für die beiden Schulanfänger. Doch eines Tages passiert etwas Unvorhergesehenes: Ben blickte über die Straße zu dem Laden und dann zurück zu den Mädchen, die jetzt dreißig Meter hinter ihm waren ... Wenn er sich beeilte, konnte er über die Straße rennen, nachsehen, ob das neueste Road-Ranger-Paket eingetroffen war, sich eine Rolle Pfefferminzbonbons kaufen und wieder zurück sein, bevor die Mädchen es merkten.

Keine Minute später stand er wieder auf dem Bürgersteig. Die Mädchen hatten die Straße halb überquert und klammerten sich angsterstarrt aneinander, während überraschte Fahrer aus beiden Richtungen bei ihren hektischen Ausweichmanövern ins Schleudern gerieten. Ben war vor Schreck wie gelähmt ... Isabelle war nicht zu bremsen im Kampf, die gegenüberliegende Straßenseite zu erreichen. Als wäre das ihre einzige Chance auf Erlösung, schlug sie mit irrem Blick um sich wie ein verwundetes Tier. Ben sah, dass Frankie wie in Zeitlupe erst einen, dann einen weiteren taumelnden Schritt nach vorn gezogen wurde wie beim Tauziehen. Das Geräusch von sechs schweren, blockierenden Rädern, die unkontrollierbar über den Asphalt schlitterten, ließ ihm das Blut in den Adern gefrieren. Der Fahrer hupte in ohnmächtiger Verzweiflung, bevor der Bus die Mädchen mit einem widerwärtig dumpfen Aufprall erfasste.

Dann waren sie in der Luft. Ein Gewirr aus Armen und Beinen, Haaren und Schultaschen wirbelte durch den blitzblauen Himmel, schlaff, schlackernd und grotesk verrenkt. Wie in die Luft geworfene Stoffpuppen.

(Ronald Mawson, englischer Schriftsteller)

A *Beurteilt das Verhalten von Ben. Wenn euch das Ende der Geschichte interessiert, dann lest das Buch „Das Lazaruskind" von Ronald Mawson.*

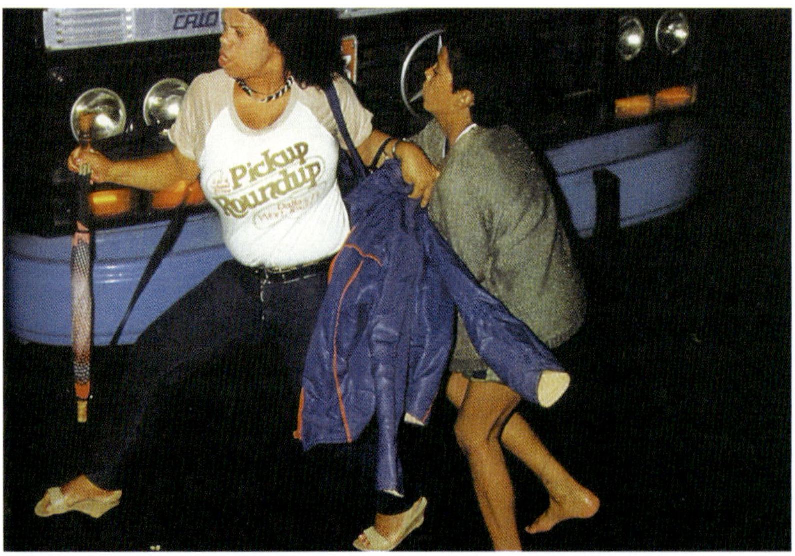

Straßenkind in Brasilien bei der „Arbeit", beim Raub einer Handtasche

A *Diskutiert, inwieweit das Kind auf dem Foto böse handelt. Berücksichtigt dabei auch das, was Kant gesagt hat (S. 126).*

Mit drei Blicken hinter die vier Buchstaben von böse geschaut

A *Auf den ersten Blick scheint uns allen klar zu sein, was das Wort „böse" bedeutet. Doch stimmt das?*

- *Findet es heraus, indem ihr in der vorgegebenen Zeit von drei Minuten Wörter aufschreibt, die die gleiche Bedeutung haben. Wer schreibt die meisten?*
- *Nun muss geprüft werden, ob sie wirklich das Gleiche bedeuten. Wie könnt ihr das erreichen?*
- *Für den zweiten Blick setzen wir nun die Philosophenbrille auf. Habt ihr sie auch richtig auf der Nase? Alles klar? Dann wagt euch an die Texte des Philosophen Robert Spaemann.*
- *Nun habt ihr die Voraussetzungen für den dritten Blick. Dies ist der „Wechselblick". Welche Formen des Bösen unterscheidet Spaemann?*

Böses gab's zu allen Zeiten

Bilder des Bösen

Die Hexe

Q „Die Hexe hat ein umfassendes Geständnis abgelegt", antwortete Stephan anstelle des Abtes. „Sie hat gestanden, sich mit Zauberei und Schwarzer Magie beschäftigt zu haben. Sie hat gestanden, schon in ihrer Kindheit mit dem Teufel gebuhlt zu haben und sich seither in jeder Vollmondnacht mit ihm zu treffen. Sie hat weiter gestanden, den See im Wald nördlich von Buchenfeld mit Zaubersprüchen verdorben zu haben. Sie hat gestanden, das Vieh mehrerer Bauern verhext zu haben und im letzten Jahr die gesamte Ernte."

(Wolfgang Holbein, Schriftsteller)

Die Missgunst

Q Alsbald macht die Göttin Minerva sich auf zum Hause der Missgunst, das von schwarzem Geifer starrt. Ihr Heim ist an der tiefsten Stelle eines Tales versteckt. Kein Sonnenstrahl findet dorthin den Weg, kein Wind bläst hindurch [...]

Drinnen sieht sie die Missgunst Vipernfleisch essen [...] Bleich ist ihr Gesicht, mager der ganze Leib, der Blick in keiner Richtung gerade, die Zähne sind dunkel von Fäulnis, die Brust ist grünlich von Galle, die Zunge von Gift unterlaufen. Lachen liegt ihr fern, außer schadenfrohem Gelächter beim Anblick von Schmerzen. Nie kommt sie in den Genuss des Schlafes, da aufregende Sorgen sie wachhalten.

(Ovid, römischer Schriftsteller)

Antike — **Mittelalter** — **Gegenwart**

A *Ordne die Texte und die Abbildung den vorgegebenen Zeitepochen zu.*
Untersuche dann, wie in den Texten das Böse dargestellt wird. Gehe dabei von Wörtern oder Wortgruppen und deren Wirkung aus.
Überlege, wer Autor und wer Adressat dieser Beispiele sein könnte und welchem Zweck diese Darstellungen wahrscheinlich dienen sollten.
Warum gibt es Bilder des Bösen und wer entwickelt sie?

Sind alle Menschen böse?

Nicht auf andere berufen

Q Nicht Gefühle, sondern Argumente sollen uns bei der Frage nach „gut“ und „böse“ leiten. Bei der Beantwortung moralischer Fragen kann und soll man sich nicht auf das berufen, was andere darüber denken – sie können sich irren. Nur die Frage, was moralisch „richtig“ oder „falsch“ ist, soll einen Moralphilosophen interessieren, nicht aber, was mit uns passiert, wenn wir uns so oder anders verhalten.

(Aus: Abenteuer Philosophie)

A *Wann ist ein Mensch böse? Formuliere deine Antwort in Form einer These.*
Vergleicht eure Thesen und begründet Gemeinsamkeiten und Unterschiede.
Überprüft eure Thesen durch Befragungen von Ärzten, Schulpsychologen, Eltern, Pfarrern u. a., durch Selbst- sowie Fremdbeobachtung und durch Auswertung von Filmen oder Büchern.

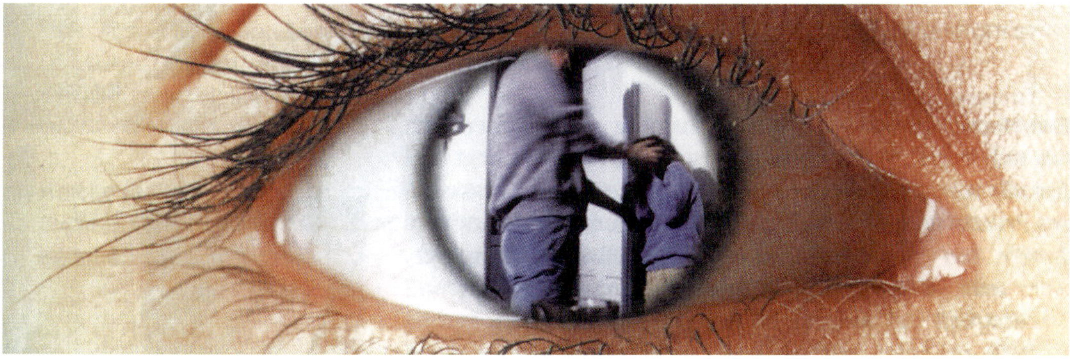

Schwierigkeiten mit dem Bösen

Q Es fällt auf, dass wir in unseren alltagssprachlichen Urteilen über Menschen und Handlungen das Wort böse selten verwenden. Stattdessen sagen wir lieber, X habe falsch gehandelt, oder schreiben Z einen schlechten Charakter zu. Damit wird die negative Aussage abgeschwächt, denn eine falsche Handlung kann die Folge eines Irrtums, ein schlechter Charakter besserungsfähig sein.
Die Bezeichnung einer Handlung oder eines Menschen als böse hingegen hat etwas Endgültiges, weil damit zum Ausdruck gebracht wird, dass der Täter wissentlich und willentlich so gehandelt hat, wie er gehandelt hat, und man ihm daher unterstellen muss, er habe das Nichtgute als solches gewollt.
Diese Unterstellung scheint jedoch so extrem zu sein, dass wir uns scheuen, ein so hartes Urteil über jemanden zu fällen, und nach Ereignissen in der Biographie des Betreffenden oder unglücklichen Umständen Ausschau halten, die sein Verhalten, so schlimm es auch sein mag, wenn nicht entschuldigen, so doch verstehbar machen.

(Annemarie Pieper, Philosophin)

A *Denkt über Verhaltensgewohnheiten in der eigenen Klasse nach. Nehmt dabei die Meinung von Annemarie Pieper zu Hilfe.*

Ist eine heile Welt erstrebenswert?

Fragen an Jugendliche einer 8. Klasse

- *Nenne Dinge, die dir aus heutiger Sicht als schlecht oder böse erscheinen.*
- *Ist eine heile Welt etwas Gutes?*
- *Bist du gut oder schlecht, wenn du zum eigenen Vorteil handelst?*
- *Beschreibe eine Situation, in der du Bösem begegnet bist. Wie hast du dich verhalten?*

Q Ich finde, dass heute das Geld die Welt regiert. Jeder macht fast alles für Geld. Und das finde ich schlecht. Ich bin zwar der Meinung, dass diese Sache überwunden werden kann, aber da müsste die Menschheit einen großen Schritt gehen. Und jeder Mensch müsste Vernunft annehmen.

(Nadine, 13 Jahre)

Ich glaube, dass es schon wichtig ist, eine heile Welt zu haben oder in ihr zu leben, aber ist eine heile Welt auch immer eine gute Welt?

(Maik, 14 Jahre)

Der Mensch ist von Natur aus eigensinnig und kümmert sich um sich zuerst. Wenn diese Art also in seiner Natur liegt und fast alle Menschen an sich zuerst denken, finde ich, dass dieses Prinzip gerechtfertigt ist. Wenn ich zum Vorteil anderer handle, bin ich schlecht, da ich mich selbst benachteilige. Aber man ist auch gut, da man sich Freunde macht und Dankbarkeit auf sich zieht, welche dann wieder eigene Vorteile zur Folge haben kann.

(Franziska, 14 Jahre)

Eine heile Welt ist zwar erstrebenswert, aber wenn es eine heile Welt geben würde, würde es keine Herausforderungen mehr geben, die der Mensch bewältigen könnte. Und das ist es, was der Mensch seit Urzeiten macht. Diesen Trieb kann man nicht einfach abstellen.

(Hannes, 14 Jahre)

Ich begegne dem leibhaftig Bösen jeden Tag aufs Neue. Immer, wenn ich junge Menschen sehe, die rauchen, trinken oder sich mit Drogen vollpumpen ... Aber ich werde alleine nie etwas dagegen tun können und baue mich immer mit der Gewissheit auf: Sei froh, dass du das nicht bist.

(Axel, 15 Jahre)

A *Antwortet nun selbst auf diese Fragen und vergleicht eure Überlegungen.*

Erdbebenkatastrophe in Kobe, Japan, Januar 1995

Ist die Welt von Bösem bedroht?

Q In der Mitte des 20. Jahrhunderts sahen wir unseren Planeten zum ersten Mal aus dem Weltraum [...], eine kleine zerbrechliche Kugel, nicht beherrscht von menschlichem Wirken und von Bauten, sondern von einem Netz aus Wolken, Meeren, Pflanzengrün und Erdboden. Die Unfähigkeit der Menschheit, ihr Handeln dieser Struktur anzupassen, verändert die Systeme des Planeten von Grund auf. Viele dieser Veränderungen sind begleitet von lebensbedrohenden Gefahren. Diese neue Realität, vor der es kein Entrinnen gibt, gilt es zu erkennen und zu bewältigen.

(Bericht der Weltkommission für Umwelt und Entwicklung)

A *Welche Gefahren haben die Kommissionsmitglieder gemeint?*
Sucht Beispiele und sammelt Informationen mit Hilfe anderer Fächer.
Haltet eure Ergebnisse in Form von Postern oder Schautafeln fest.

Schüler philosophieren über die Bedrohung der Welt

Q Die Zerstörung unseres eigenen Planeten ist ein großes Problem und trotzdem werden keine richtig bewegenden Maßnahmen ergriffen. Die Zerstörung lässt sich nicht aufhalten, denn die Technik kann man nicht abstellen.

(Axel, 14 Jahre)

Q Ja, weil der Mensch zu viel Verstand hat, um nur nach Instinkten zu handeln, und nein, weil er zu wenig Verstand hat, um die Welt zu verstehen.

(Andreas, 14 Jahre)

„Rettungs"-Thesen

Q Jeder nimmt auf sich selber Rücksicht.
- Jeder nimmt auf alles Lebendige (Individuen und Arten) Rücksicht.
- Jeder nimmt auf alles Rücksicht.

(K. M. Meyer-Abich, Physiker und Philosoph)

A *Überlegt, inwieweit die Verwirklichung jeder einzelnen These zum Frieden mit der Natur beitragen kann.*
- *Stellt selbst Thesen zur Rettung der Welt auf.*

3.3 Träume von einer besseren Welt

Gerechte Welt – verkehrte Welt?

A *Stellt weitere Fragen über eine gerechte Welt. Schreibt sie in euer Heft und vergleicht sie anschließend. Findet gemeinsam Antworten.*
Ergänzt die Begriffe. Welchen Vorstellungen über eine gerechte Welt stimmt ihr zu und welchen nicht? Führt darüber ein Streitgespräch.

Verkehrte Welt

Verkehrte Welt, anonymer deutscher Künstler um 1830

A Schaut euch die Bilder an und notiert einige Gedanken dazu. Versucht anschließend die Frage zu beantworten, wann eine Welt eine verkehrte Welt ist.
Welches der Bilder stellt in der heutigen Zeit keine verkehrte Welt dar?

Drei Welt-Wünsche

Glücklich ohne Ende?

Q Am schönsten war es, wenn Linda von der anderen Welt erzählte. „Und man kann wirklich fliegen, immer wenn man Lust hat?"
„Immer wenn man Lust hat." Und dann erzählte sie ihm, was es alles gab: die herrliche Musik, die aus einer Maschine kam, und die vielen schönen Spiele, die man spielen konnte, und die köstlichen Getränke und Speisen und das Licht, das anging, wenn man auf einen kleinen Knopf in der Wand drückte, und die Bilder, die man hören und fühlen und riechen und natürlich sehen konnte, und die Maschine, die feine Gerüche erzeugte, und die rosa, grünen und blauen und silbernen Häuser so hoch wie Berge, und die Menschen, die alle glücklich und nie traurig oder böse waren und wo jeder jedem gehörte, und die Apparate, mit denen man sehen und hören konnte, was am anderen Ende der Welt geschah, und Babys in herrlich sauberen Flaschen - alles so sauber, und keine scheußlichen Gerüche, nicht der geringste Schmutz - und die Menschen nie einsam, sondern immer beieinander und so fröhlich und glücklich wie die Sommertänze hier in Malpais, nur viel glücklicher, und das Glück täglich vorhanden, täglich [...]

(Aldous Huxley, englischer Schriftsteller)

„L'Avant-Garde",
Jean Tinguely,
französischer Künstler,
Skulptur, 1988

A *Möchtest du in der Welt, die Huxley schildert, leben? Warum? Warum nicht? Vgl. hierzu auch die S. ..., wo es um Glück und Drogen geht.*
Stell dir vor, du könntest dir mit dieser Skulptur drei Welt-Wünsche erfüllen. Was würdest du dir wünschen: für dich, für andere Menschen, für die ganze Welt?

Träume von Luftschlössern

Q Die Menschen träumen nicht nur nachts, durchaus nicht. Auch der Tag hat dämmernde Ränder, auch dort sättigen sich Wünsche. Anders als der nächtliche Traum zeichnet der Tagtraum frei wählbare und wiederholbare Gestalten in der Luft, er kann schwärmen und faseln, aber auch sinnen und planen. Er hängt [...] Gedanken nach, politischen, künstlerischen, wissenschaftlichen. Der Tagtraum kann Einfälle liefern, die nicht nach Deutung, sondern nach Verarbeitung verlangen, er baut Luftschlösser auch als Planbilder und nicht immer nur fiktive.

(Ernst Bloch, deutscher Philosoph)

A *Lest noch einmal auf der Seite 17 des Lehrbuches nach, welcher Unterschied zwischen Tag- und Nachtträumen besteht.*
Was versteht ihr unter „Luftschlössern als Planbilder" und warum sind diese nicht immer nur fiktive, d. h. in der Phantasie vorhanden?
Charakterisiert mit eigenen Worten, was ein politischer Traum sein könnte, der in der Sprache der Philosophie auch Utopie genannt wird.

Wer war Ernst Bloch?

Ernst Bloch (1885–1977) gehört zu den bedeutendsten deutschen Philosophen des 20. Jahrhunderts und lehrte als Professor u. a. in Leipzig und Tübingen. Sein bekanntestes Buch heißt „Das Prinzip Hoffnung". Darin legt Ernst Bloch dar, wie er sich eine gerechte Gesellschaft vorstellt, in der die Menschen friedlich zusammenleben.

Formen von Utopien

Utopie

positive Utopie

Idealzustand der Gesellschaft, Frieden, Gerechtigkeit, Gleichheit

negative Utopie

Schreckensvision der Gesellschaft, Gewalt, Krieg, Angst, Hass, Ungleichheit

technische Utopie

Gesellschaft auf hohem wissenschaftlich-technischem Niveau
(Francis Bacon „Utopia")

Staatsutopie

Formen eines gerechten Staates
(Platon „Der Staat")

religiöse Utopie

Paradies
1000-jährige Herrschaft Jesu

A *Wo würdest du die Utopie von Aldous Huxley einordnen?*

Gleich viel für alle?

Alles gemeinsam außer dem Leib

Unsere jetzigen Bestimmungen des Staates machen sie [...] zu echten Wächtern und hindern sie, den eigenen Staat zu zerreißen, wenn jeder ein anderes als das Seine bezeichnet; wenn jeder in sein eigenes Haus schleppt, was er nur ohne die andern erwerben kann, und sich Frau und Kinder, Freuden und Leiden nur für sich allein schafft; so aber, da es nur eine Ansicht über das Eigentum gibt, zielen alle auf ein gemeinsames Ziel und sind so weit wie möglich in Leid und Freude eines Sinnes [...]

Und Streitigkeiten und Vorwürfe werden aus ihrem Kreise sozusagen verschwunden sein, da sie alles außer dem Leib gemeinsam haben. Sie werden also alle die Zwistigkeiten nicht kennen, die die Menschen um den Besitz von Geld oder Kindern und Verwandten haben.

(Platon, griechischer Philosoph)

Die Ehe ist nicht bekannt

Die Ehe ist auf den Sonneninseln nicht bekannt, sondern es herrscht Gemeinschaft der Weiber, und die geborenen Kinder werden als allen gemeinsam aufgezogen und von allen gleich geliebt. So lange sie noch klein sind, geschieht es oft, dass die Ammen die Säuglinge vertauschen, so dass nicht einmal die Mütter ihre eigenen Kinder kennen. Deshalb gibt es bei ihnen auch keinen Ehrgeiz, und so leben sie ohne innere Unruhe und Aufstände und setzen die Eintracht über alles.

(Nach Iambulos, griechischer Philosoph)

Philosophenschule von Athen, Raffael

Die Menschen in Platons „Staat" besitzen nur ihren Körper als Eigentum; alles andere wird gemeinschaftlich geregelt. Was hältst du von Platons Vorschlag, der bereits über 2000 Jahre alt ist? Könntest du dir vorstellen, in einer Gemeinschaft zu leben, in der Eltern ihre Kinder nicht kennen? Warum? Warum nicht?

Arbeit bringt Besitz

Q Wer sich von Eicheln ernährt, die er unter einer Eiche aufliest, oder von Früchten, die er von den Bäumen des Waldes pflückt, hat sich diese offensichtlich angeeignet. Niemand kann bestreiten, dass diese Nahrung sein ist. Ich frage nun, zu welchem Zeitpunkt wurden sie sein Eigentum? Als er sie verdaute? Oder als er sie aß? Als er sie kochte? Als er sie nach Hause brachte? Oder als er sie aufsammelte?

Wenn sie ihm nicht durch das erste Aufsammeln gehörten, dann ist es klar, dass nichts anderes sie ihm zu Eigen machen konnte. Die Arbeit bewirkt einen Unterschied zwischen ihm und dem gemeinsamen Besitz. Sie fügte ihnen etwas hinzu, das mehr war, als die Natur, die gemeinsame Mutter von allen, ihnen gegeben hatte, und somit gelangte er zu seinem persönlichen Recht auf sie. Und will jemand behaupten, er besäße kein Recht auf jene Eicheln oder Früchte, die er sich so angeeignet hat, weil er nicht die Zustimmung der gesamten Menschheit hatte, sie in seinen Besitz zu bringen? War es ein Raub, sich etwas anzumaßen, was allen gemeinsam gehört? Wäre eine solche Zustimmung notwendig gewesen, so wären alle Menschen verhungert, ungeachtet des Überflusses, den Gott ihnen gegeben hat.

Gemeinsamer Besitz [...] beginnt dadurch Eigentum zu werden, dass irgendein Teil aus dem, was allen gemeinsam ist, herausgenommen wird [...]

Das Gras, das mein Pferd gefressen, der Torf, den mein Knecht gestochen, und das Erz, das ich an irgendeiner Stelle gegraben, wo ich mit anderen gemeinsam das Recht dazu habe, werden ohne die Anweisung und Zustimmung von irgend jemandem mein Eigentum. Es war meine Arbeit, die sie dem gemeinsamen Zustand, in dem sie sich befanden, enthoben hat und die mein Eigentum an ihnen bestimmt hat.

(John Locke, englischer Philosoph)

Feldarbeit im Mittelalter

Wer war John Locke?

Der englische Philosoph John Locke lebte von 1632 bis 1704. Er stammte aus einer adligen Familie, die im Bürgerkrieg gegen den englischen König die Sache der Parlamentarier unterstützt hatte. Locke studierte Medizin, Chemie und Philosophie in der noch heute bekannten Universitätsstadt Oxford, wo er ein Lehramt erhielt. Nach der Revolution von 1689 wurde er Politiker und wechselte in den Staatsdienst. Großes Ansehen erlangte John Locke mit seiner Schrift „Zwei Abhandlungen über die Regierung“, aus der unser Textauszug stammt. In ihr widmete er sich Fragen der Entstehung des Eigentums, der Entwicklung von Industrie und Handel sowie der Gleichheit der Menschen. John Locke setzte sich in seinen Schriften auch für religiöse Toleranz ein. Weniger bekannt ist sein Buch „Einige Gedanken über Erziehung“. Dort legte er den Grundstein für das Fach „Philosophieren mit Kindern“. Der englische Philosoph riet Eltern, ihre Kinder zum Selbstdenken zu erziehen und sie anzuregen, Fragen über die Welt zu stellen.

A *Wie begründet Locke die Entstehung des Eigentums?*
Welcher Unterschied besteht zwischen den Meinungen von Platon und John Locke?

Neue Frauen – neue Männer – neue Familien?

Vater löst die Mutter ab

Q Die Zeit der Mutterschaft hat sich in den letzten Jahren aus zwei Gründen erheblich verkürzt. Zum einen erreicht die Lebenserwartung der Frauen beinahe 80 Jahre, und das Aufziehen von Kindern bedeutet nicht mehr als 15 Jahre der aktiven Mutterschaft; das ist weniger als ein Fünftel ihres Lebens. Es ist daher nicht länger gerechtfertigt, die Mutterschaft als Hauptsache im Leben der Frau zu betrachten – diese Achse hat sich in andere Bereiche verlagert. Früher galt das Interesse der Frau vor allem ihren Kindern, heute gilt es ihr selbst, ihrem Gefühls- und Berufsleben. Sie versteht ihre Existenz nicht mehr als eine Funktion der Nachkommen, sondern sie zwingt diese, sich ihrem persönlichen Lebensentwurf anzupassen.

Auch im Alltag der Frauen nimmt die Mutterschaft eine kürzere Zeit ein. Die meisten von ihnen arbeiten weiter, wenn sie Kinder haben [...] Das hat natürlich zur Folge, dass die Zeit, die sie mit dem Kind verbringen, sich erheblich verkürzt. Die Krippe, die Schule und das Fernsehen ersetzen die Mütter von einst. Was heute noch bleibt, sind die erste und letzte Mahlzeit des Tages, die Zeit des Anziehens, der Schulaufgaben, der Einkäufe und die Wochenenden. Alles in allem ist man knapp ein Drittel seiner Zeit Mutter. Die Qualität zählt mehr als die Quantität, und vom Vater wird erwartet, dass er die Mutter ablöst.

(Elisabeth Badinter, französische Philosophin)

A *Schildert anhand des Fotos und des Textes von Elisabeth Badinter, wie sich das Leben der Frauen verändert hat.*
Findet ihr es gut, dass Krippe, Fernsehen und Schule die Funktion der Mutter ersetzen?
Welche Rolle sollten die Väter in der Kindererziehung spielen? Bildet kleine Gruppen und entwerft dazu zehn Vorschläge, die anschließend in der Klasse diskutiert werden.

Das globale Dorf

Q Die moderne Dorfgemeinschaft erstreckt sich über einen Horizont, der weit über die Stadtgrenze hinausreicht. Vom Augenblick unserer Geburt an sind wir einer ungeheuren Zahl von Menschen und Einflüssen durch Radio, Fernsehen, Zeitungen, Bücher, Filme, Computer, CDs, Telefone und Faxgeräte ausgesetzt, über die Technologie sind wir mit dem globalen Dorf verbunden, das sie geschaffen hat.

Vielen erscheint diese „schöne neue Welt" als unmenschlich und unwirtlich. Es überrascht daher nicht, dass sich viele nach der „guten alten Zeit" als Zuflucht vor den gegenwärtigen Problemen sehnen. Aber wenn wir uns der Vergangenheit zuwenden, werden wir blind für die sich weiterentwickelnde Gegenwart des Dorfes und seine maßgebliche Bedeutung für unser Zusammenleben. Das Dorf lässt sich nicht mehr als ein Ort auf der Landkarte oder als eine Liste von Personen oder Organisationen bezeichnen, aber sein Wesen bleibt das gleiche: Es ist das Netzwerk aus Werten und Beziehungen, das unser Leben stützt und hält.

(Hillary Clinton, amerikanische Frauenrechtlerin und Juristin)

A *Erklärt anhand von Beispielen aus eurem Alltag, was Hillary Clinton unter einem globalen Dorf versteht.*
Wie passt die neue Frau, die Elisabeth Badinter beschreibt, in dieses globale Dorf?

Was sind Werte?

D Werte legen fest, wie sich Menschen in verschiedenen Gemeinschaften oder der Gesellschaft als Ganzes verhalten sollen. Sie sind sozusagen wünschenswerte Spielregeln für das Zusammenleben von Menschen. Im Unterschied zu „richtigen" Spielregeln, die ihr aus eurem Alltagsleben kennt, sind sie jedoch nirgendwo als Richtschnur menschlichen Handelns aufgeschrieben worden, d. h. es gibt kein „Büchlein der guten Werte", das in allen Kulturen und Epochen Gültigkeit besitzt.

P Gestaltet eine Collage mit Werten und Beziehungen, die für euch wichtig sind. Wie sieht eurer Meinung nach die „neue Familie" des 21. Jahrhunderts aus?

Jeder nach seinem Belieben?

We don't need no education

Q Daddy's flown across the ocean
Leaving just a memory,
Song shot in the family album,
Daddy what else did you leave for me
Daddy what d'you leave behind for me
All in all it was just a brick in the wall
All in all it was all just bricks in the wall

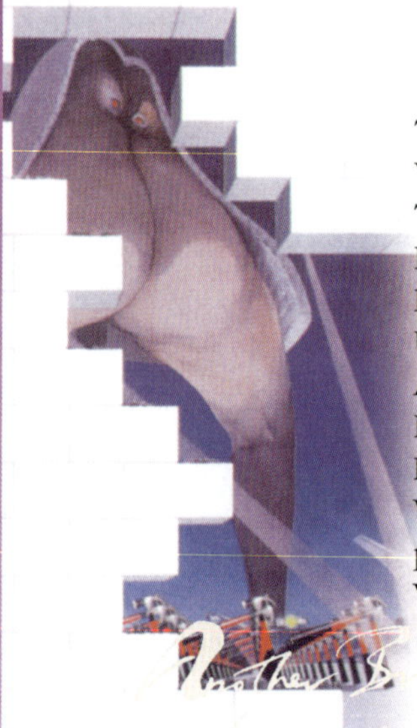

The happiest days of our lives
When we grew up and went to school
There were certain teachers who would
Hurt the children anyway they could
By pouring their devision
Upon anything we did
And exposing every weakness
However carefully hidden by the kids
But in the town it was well known
When they got home at night, their fat and
psychopathic wives would thrack them
Within inches of their lives

We don't need no education
We don't need no thought control
No dark sarcasm in the classroom
Teachers leave the kids alone
Hey, teachers leave the kids alone
All in all it's just another brick in the wall
All in all you're just another brick in the wall.

(Lied der englischen Popgruppe Pink Floyd, 1979)

A *Bildet kleine Gruppen und übersetzt den Text. Hört euch anschließend das Lied an und beantwortet folgende Frage:*
Welches Bild von Vätern und Lehrern vermittelt dieses Lied?
Stimmt ihr Pink Floyd zu, dass Kinder keine Bildung brauchen?
Kinder benötigen keine Kontrolle ihrer Gedanken. Was meint die Gruppe Pink Floyd damit?

P Versucht auf der Grundlage des englischen Textes einen neuen Text zu schreiben, der das Gegenteil behauptet: Kinder brauchen Bildung. Formuliert gute Gründe dafür.

Viel Zeit für Bildung

Q Im Sonnenstaat sind die öffentlichen Dienste und Arbeiten unter alle verteilt, so dass auf den Einzelnen kaum vier Stunden Arbeit am Tage kommen. Die übrige Zeit kann jeder nach seinem Belieben mit angenehmen Studien, mit Disputieren, Lesen, Erzählen, Schreiben, Spazierengehen oder mit geistigen und körperlichen Übungen zubringen. Nur sind solche Spiele, die im Sitzen gespielt werden, wie etwa das Knöchelchen- und Würfelspiel, das Schachspiel oder ähnliche Spiele, verboten; sie unterhalten sich mit Ball spielen, Ringkämpfen, mit Pfeil- und Hakenbüchsenschießen usw.

(Nach Tomaso Campanella, italienischer Mönch und Philosoph)

A *Was hältst du von dem Modell der Bildung im Sonnenstaat?*
Warum sind Spiele im Sitzen verboten? Welche Gründe lassen sich für und gegen dieses Verbot vorbringen?

Ikarische Erziehung

Q Alle Einwohner Ikariens, ohne Unterschied des Geschlechts und Geschäfts, erfreuen sich einer und derselben Elementarerziehung, die, als eine wahrhaft allgemeine, allen gemeinsame, die Grundlage der menschlichen Kenntnisse umfasst [...]
Unser Grundsatz ist, das Kind möglichst viel möglichst schnell und möglichst wirksam zu lehren. Daher entwickeln wir unablässig sein Denken und Fühlen. Wir machen oft das Lernen zum Spiel und das Spiel zum Lernen. Mit größter Aufmerksamkeit wird seitens der Eltern wie der Lehrer vermieden, dem Zögling leeren Wortschwall zu geben; es wird die Sache, der Gegenstand, worauf das Wort sich bezieht, dem Kinde [...] vorgewiesen.

(Nach Etienne Cabet, französischer Philosoph)

A *Gebt ein Beispiel für das Lernen als Spiel und das Spiel als Lernen.*
Was haltet ihr von dem Modell Etienne Cabets?

Der Jugend Spiel und Vergnügen im Freien, Esslingen, um 1850

A *Könnt ihr auf diesen Bildern das Lernen als Spiel und das Spiel als Lernen entdecken?*

Die Zukunft mitgestalten

Jugendliche im Parlament

In verschiedenen Bundesländern treffen sich Jugendliche einmal im Jahr, um als Abgeordnete im Parlament Politikerinnen und Politikern ihre Forderungen zu überbringen.

Q *Sasan Tayebi, 16 Jahre, Ausschuss Verkehr:*
Hamburg könnte sich für eine Erhöhung der Mineralölsteuer einsetzen. Dann würden mehr Leute die öffentlichen Verkehrsmittel in Anspruch nehmen. Die Radwege müssen besser werden.

Benjamin Bode, 16 Jahre, Ausschuss Drogenpolitik:
Hamburg tut noch nicht genug für Drogenabhängige. Es sollten mehr Fixerstuben und Gesundheitsräume geschaffen werden, mehr Süchtige sollten ins Methadon-Programm.

Esther Fülscher, 17 Jahre, Ausschuss Umwelt und Energie:
Wir sind für den Ausstieg aus der Atomenergie, weil sie zu Gefahren für die nächsten Generationen führt. Wir fordern Techniken, die im Einklang mit der Natur arbeiten.

Christian Kaiser, 20 Jahre, Ausschuss Jugendkriminalität:
Gegen Jugendkriminalität muss es mehr Opfer-Täter-Ausgleiche geben. Der Täter muss schneller mit seiner Tat konfrontiert werden. Geld sollte vor allem in die Vorbeugung gesteckt werden.

Wahlrecht für Kinder?

Q Bei der Wahlrechtsaktion ist die Idee, dass Kinder eine grundsätzliche Mitsprachemöglichkeit in der Politik brauchen: Wenn sie ernst genommen werden sollen, müssen sie auch gleiche Rechte haben – also müssen Kinder auch das Wahlrecht haben, und zwar ohne Altersgrenzen, sonst wäre es ja wieder undemokratisch. Viele fragen: „Was, Vierjährige sollen sich in der Politik auskennen? Die wissen doch gar nicht, was sie tun." Das alles sind Argumente, die man bei keinem anderen anbringt. Jeder Mensch hat eine Stimme, egal, wie gebildet er ist, egal, ob er Alkoholiker ist. Aber bei Kindern wird einfach gesagt, dass sie nicht fähig sind zu wählen, bis sie 18 Jahre alt sind.

Wenn es auch nur einen Vierjährigen gibt, der sagt: „Ich will wählen", dann muss er das Recht dazu haben. Die Wahlprogramme von den Parteien müssten so geschrieben werden, dass sie auch ein Kind versteht. Das würde bestimmt auch vielen Erwachsenen helfen, einige Zusammenhänge zu verstehen. Die Politiker müssten gucken, was Kinder und Jugendliche für Vorstellungen haben. [...] Dann würde vielleicht auch das Thema Schule ein Thema – und zwar nicht nur als Forderung einer kleinen Kinderrechtsgruppe, die man übersehen kann und als radikal abstempeln kann. Lustig finde ich, dass jemand mal gesagt hat: „Ich möchte nicht, dass ein Fünfjähriger an politischen Entscheidungsprozessen teilnimmt, die mich betreffen." Absurd! Die Person nimmt auch an politischen Entscheidungsprozessen teil, die den Fünfjährigen betreffen, wie Umwelt oder Klimakatastrophe.

(Petra, 16 Jahre, Rostock)

A *Was haltet ihr von Petras Vorschlag eines Wahlrechts für Kinder? Sucht Argumente aus dem Text und prüft sie. Führt anschließend ein Streitgespräch: Pro und kontra Wahlrecht für Kinder.*
Schaut euch die Forderungen von „Jugend im Parlament" an und ergänzt sie durch eure Vorstellungen.

Wahlrecht von Geburt an?

Q Der Anteil deutscher Kinder an der deutschen - und damit wahlberechtigten - Gesamtbevölkerung beträgt fast 20 %. Würde diese Gruppe ein Wahlrecht erhalten, so bin ich sicher, dass die politischen Parteien den Interessen von Familien, Müttern und Kindern ein erheblich größeres Gewicht beimessen würden. Sie würden mehr für die Kinder tun und leisten und würden ungeheure weitere Belastungen der nachfolgenden Generationen nicht mehr wagen. [...]

In Artikel 20, Absatz 2, Satz 1 des Grundgesetzes heißt es: „Alle Staatsgewalt geht vom Volke aus" - nicht etwa nur vom volljährigen Volk. Das Volk übt seine Staatsgewalt durch die Wahl zum Deutschen Bundestag aus. Hätten Kinder von Geburt an ein Wahlrecht, so müssten die Eltern das Wahlrecht ihres Kindes treuhänderisch, d. h. nicht als eigenes, sondern als Recht ihres Kindes und daher für das Kind wahrnehmen. Bei der Ausübung des Wahlrechts müssten sich die Eltern - wie bei allen anderen das Kind betreffenden Entscheidungen auch, z. B. können bereits Neugeborene Eigentümer, Steuerzahler oder Aktionäre sein - allein am Wohle ihres Kindes orientieren. Für den Fall, dass die Eltern sich nicht einigen können, hält das Gesetz eine Konfliktlösung bereit. Das Gericht könnte beispielsweise einen Elternteil ermächtigen, das Wahlrecht des Kindes wahrzunehmen. Wer die gerichtliche Konfliktlösung nicht will, könnte die Kindesstimme zwischen den Eltern aufteilen (splitten), so dass jeder Elternteil über 1/2 Stimme des Kindes verfügen würde.

(Lore-Maria Peschel-Gutzeit, Familienrechtlerin und Politikerin aus Hamburg)

A *Vergleicht den Vorschlag von Lore-Maria Peschel-Gutzeit mit Petras Idee. Welche Gemeinsamkeiten und Unterschiede könnt ihr finden? Wenn euch das Thema noch weiter interessiert, dann schaut auch im Internet unter www. Recht. de nach.*

P Seht euch noch einmal die Seite 134 zum Thema „Gerechte Welt" im Lehrbuch an. Welche Wünsche an die künftige Gesellschaft habt ihr? Welche Rechte und Chancen sollten Kinder und Jugendliche auf jeden Fall in der Gesellschaft erhalten?
Formuliert einen Forderungskatalog und diskutiert darüber mit Politikerinnen und Politikern aus eurem Bezirk oder eurer Stadt. Vielleicht gewinnt ihr auch Landtags- oder Bundestagsabgeordnete für ein Gespräch in der Schule.

3.4 Gott ist mir besonders nah

Von Göttern und Religionen

Theos Reise

Q „Die Juden haben die älteste Religion der Welt", begann Theo. „Sie beten am Samstag in der Kirche, die sie Synagoge nennen, und im Krieg wurden sie von den Nazis umgebracht. Das heißt Holocaust. Sie lebten in Jerusalem und wurden von dort vertrieben. Später hat man ihnen ihr Land, Israel, zurückgegeben, aber sie kämpfen dauernd mit den Muslimen." „Wenn man so will", murrte Tante Marthe. „Wie heißt ihr Gott?" Theo blieb stumm. „Bravo", sagte sie ironisch. „Erstens haben die Juden einen Gott, den sie unter keiner Bedingung im Bild darstellen und nicht einmal nennen dürfen. Zweitens sind sie das erwählte Volk Gottes, der einen Bund mit ihnen geschlossen hat. Drittens warten sie auf den Messias, der am Ende der Zeit kommen wird. Mach weiter ..." „Einen Moment, wer ist der Messias?" fragte Theo.

„Der Retter der Welt." „Dann ist es Jesus", rief Theo. „Nicht für die Juden. Jesus ist der Messias der Christen. Die Juden warten noch auf ihren." „Für die Muslime gilt das aber nicht", erwiderte Theo gereizt. „Ihr Gott heißt Allah, wird groß genannt, und Mohammed ist sein Prophet. Sie beten freitags in der Moschee nach Mekka gewandt, ihrer heiligen Stadt, wohin die wahren Gläubigen einmal im Leben pilgern. Dann werden sie hasji. Sie haben keine Priester, sondern Marabuts." „Das ist schon besser", räumte Tante Marthe ein. „Aber woher hast du denn die Marabuts? Die gibt es nur in Afrika." „Fatou hat es mir erklärt", antwortete er stolz. „Sie kommt aus dem Senegal und ist Muslimin."

„Und die Christen, Theo?" fragte Tante Marthe. „Sie glauben an Jesus Christus, der von den Römern gekreuzigt wurde, weil man ihn den ‚König der Juden' nannte. Jesus war der Sohn Gottes, des Vaters, der ihn auf Erden geschickt hat, um die anderen von den Sünden zu befreien. Die katholischen Christen gehen sonntags zum Gottesdienst, sie essen Hostien, und die Priester tragen komische bestickte Gewänder."

„Und welchen Unterschied gibt es zwischen dem Gott der Juden, dem der Christen und dem der Muslime?" „Abgesehen davon, dass Juden und Muslime nur an einen Gott zu glauben scheinen, keinen", antwortete er ratlos. „Bei den Christen gibt es Vater und Sohn sowie eine Taube, die Heiliger ... ich hab's vergessen, wie heißt sie?" „Heiliger Geist", sagte Melina.

(Cathérine Clément, Theologin und Schriftstellerin)

A *Welche Götter kennt ihr noch?*
Haben die Indianer Götter? Welche? Schaut ins Lexikon oder ins Internet.
Ihr könnt auch das Buch von Cathérine Clément, das im Hanser Verlag Wien 1998 erschienen ist, weiterlesen.

Fragen über Gott

Q If God had a name what would it be?

And would you call it to his face if you were faced with him in all his glory?

What would you ask if you had just one question?

What if God was one of us?

Just a slob like one of us?

Just a stranger on the bus trying to make his way home?

If God had a face what would it look like?

And would you wanna see If seeing meant that you have to believe?

(Joan Osborne, amerikanische Sängerin)

Ein Tipp
Siehe auch im Internet **Http://www.tpk.at/rpi/page49.htm**.

A *Übersetzt das Lied in kleinen Gruppen. Beantwortet die Fragen einzeln.*
Diskutiert eure Ergebnisse dann mit anderen.
Besorgt euch die Musik und vielleicht auch das Video zu dem Song.

Besonders nah

Q Ja, ich spreche mit Ihm.

(David Copperfield, 8.4.1998)

Ich bete nie. Wenn es mir schlecht geht, glaube ich an Gott. Und wenn es mir nicht schlecht geht, vergesse ich Gott.

(Gerhard Berger, 6.3.1997)

Ich bete nie, um zu siegen oder noch mehr Geld zu haben. Ich bete regelmäßig für andere Menschen, auch für meine Gegner. Und natürlich für mich. Ich bin auch kein Engel.

(Dariusz Michalczewski, 29.5.1997)

Besonders nah ist mir Gott in sehr glücklichen und in sehr traurigen Momenten.

(Oliver Bierhoff, 26 3.1997)

A *Welche Vorstellungen von Gott kommen in den Aussagen zum Ausdruck?*
Skizziert eure Ideen über Gott oder Götter in Worten oder Zeichnungen und vergleicht sie.

Götterbilder und Mythen

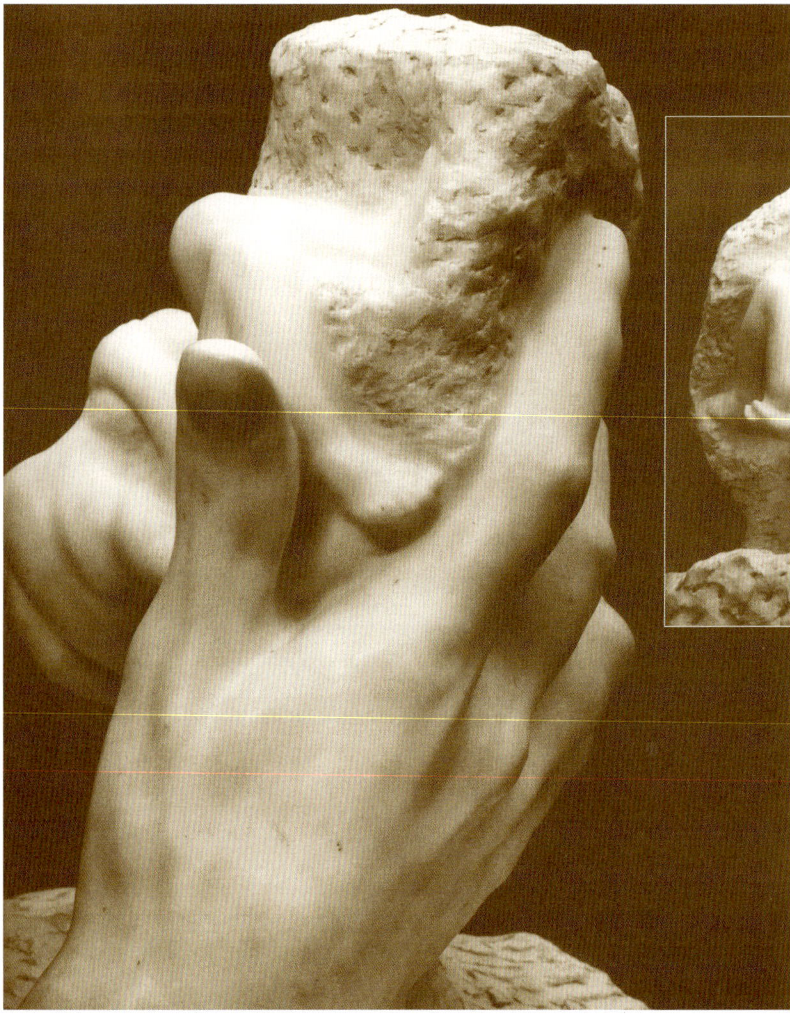

La main de dieu (Die Hand Gottes), Auguste Rodin, 1902–1908

Betrachtet die Skulptur von Rodin. Beschreibt die verschiedenen Elemente. Welches Bild von Gott stellt Rodin dar? Schreibt eine Geschichte dazu.

Solsbury Hill

Climbing up on Solsbury Hill
I could see the city light
Wind was blowing, time stood still
Eagle flew out of the night
He was something to observe
Came in close, I heard a voice
standing stretching every nerve

Had to listen had no choice
I did not believe the information
I just had to trust the imagination
My heart going boom boom boom
„Son", he said, „Grab your things,
I've come to take you home."

(Peter Gabriel, englischer Popsänger)

Übersetzt das Lied in kleinen Gruppen. Besorgt euch die CD. Überlegt, welche Stimme gemeint ist.

Die Theogonie

Q Zuallererst wahrlich entstand das Chaos, aber dann die breitbrüstige Gaia, der niemals wankende Sitz von allen Unsterblichen, die das Haupt des schneebedeckten Olymp bewohnen, und der dämmerige Tartaros im Innern der breitstraßigen Erde und der Eros, der schönste unter den unsterblichen Göttern, der gliederlösende. Von allen Göttern und von allen Menschen bezwingt er in der Brust den Sinn und den klugen Ratschluss.
Aus dem Chaos entstand der Erebos und die dunkle Nacht, aus der Nacht aber entstanden wiederum der Äther und die Tageshelle, die sie gebar, nachdem sie empfangen und sich mit Erebos in Liebe verbunden hatte.

(Hesiod, griechischer Dichter, ca. 700 v. Chr.)

A *Wofür stehen die Götter bei Hesiod?*
Hesiods Theogonie ist der erste Versuch, die Welt philosophisch zu beschreiben.
Wie erklärt sich, dass die Welt aus Göttern und anderen Kräften entsteht?

Pablo Picasso, Minotaurus, 1936

A *Wer ist der Minotaurus? Erinnert euch an den Geschichtsunterricht.*
Diskutiert die Sage des Minotaurus.

Das Lied des Erhabenen

Q Alle Wesen, alle Götter,
Seh an deinem Leib ich hangen,
Brahma auf dem Lotussitze
Samt den Sehern und den Schlangen.
Viel Gesichter, Arme, Leiber,
Viele Augen, du Gewalt'ger,
aber weder Ziel noch Anfang
Seh an dir ich, Vielgestalt'ger.
Deine Münder zähnestarrend,
Einem Weltenbrande gleichen.
Seh ich's, schwinden mir die Sinne,
und ich muss vor Angst erbleichen.
[...] Wie die Motten zu dem Feuer
Eilen, bis sie sich versengen,
Also scheinen sie zum Tode
sich nach deinem Mund zu drängen.
Alle Wesen, Vischnu, scheinst du
Mit dem Munde zu verschlingen,
mit den Strahlen deines Glanzes
Dieses Weltall zu durchdringen.

(Aus Bhagavadgita, Elfter Gesang)

Die Bhagavadgita ist eines der heiligen Bücher der Hindus. Der Erhabene ist hier einer der höchsten Götter der Hindus, Vischnu, der sich in der Gita (Gesang) in einer seiner irdischen Erscheinungsformen als Krischna zeigt. Bevor der Erzähler Vischnu beschreiben kann, verleiht dieser ihm ein besonderes Auge.

A *Beschreibt die Eigenschaften, die dem Gott Vischnu zugeschrieben werden.*
In welchem Verhältnis scheinen Mensch und Gottheiten zu stehen?
Warum gibt es so viele verschiedene Götter?

Der Sitz im Leben

Führ' mich ans Licht

Q Deinen Namen trägt mein Herz
Dein Fehlen ist mein Schmerz
So rein zu sein wie du
zeig wie ich das tu
Du gibst mir mehr als du hast
du liebst mehr als du hasst
Du siehst mehr als du fasst
fällst niemandem zur Last
Pass nur auf, wenn du gehst
wenn du deine Pläne hegst
was Freunde schafften pflegst
denn bist du unterwegs
zähl ich die Tage
ich erhebe die Klage

Wir werden teilen, was ich hab
du wirst prüfen, was ich sag
geben, was ich dir gab
ich warte auf den Tag
du wirst sehen ich mach wahr
was vor dir noch keiner sah
Ich bau dir deine Welt
ich wär so gern dein Held
Du verlässt nur mein Haus
wenn du gehst du wirst ernten was du säst
sieh zu, dass du alles verstehst
denn bist du unterwegs
zähl ich die Tage
ich erhebe die Klage

Du bist noch lange nicht in Sicht
weißt seinen Namen wohl noch nicht
dein Wort hat kein Gewicht
doch ich schreib dir dein Gedicht
ich bin dein, du bist mein

Shiva als König des Tanzes,
indische Plastik, 10./11. Jahrhundert

ich werde vor dir für dich schrein
wann wirst du bei mir sein
ohne dich bin ich allein
du bist der Spross unseres Baums
die Erfüllung unseres Traums
du bist der, der mich in sich trägt
und du bist auf deinem Weg
zähl ich die Tage
ich erhebe die Klage

Führ mich ans Licht
ich enttäusch dich nicht.

(Musik und Text: Pelham, Haas/Xavier Naidoo, Popsänger)

A Schaut ins Internet unter http://www.3p.dsn.de/3pddsn/lyrics-naidoo.htm und besorgt euch die CD. Hört euch die Lyrics mit der Musik an.
Xavier Naidoo wendet sich in seinen Liedern an eine „höher stehende Macht“ und fordert diese auf: „Führ mich ans Licht“. Was könnte „Licht“ in diesem Zusammenhang bedeuten?
Welche Erwartungen stellt der Sänger in dem Lied an das „Du“?
Wie beurteilst du das Weltbild Xavier Naidoos?

Die sieben Weltwunder

Q *Junge:* „Wunder haben wir in der Schule schon gehabt."
Vater: „Ah, dann weißt du also, was ein Wunder ist?"
Junge: „Ja. Ein Wunder ist etwas Unmögliches, das passiert ist."
Vater: „Wenn es unmöglich ist, wie konnte es dann geschehen?"
Junge: „Gott hat es geschehen lassen."
Vater: „Also war es nicht wirklich unmöglich?"
Junge: (zweifelnd) „Nein."
Vater: „Wirklich unmögliche Dinge können doch gar nicht geschehen, oder? Wenn sie geschehen, so beweist das doch, dass sie eben nicht wirklich unmöglich sind."
Junge: „Ja, schon, aber der Lehrer hat es anders gesagt."

(John M. Hull, englischer Theologe)

A *Von welcher Erfahrung mit Gott spricht das Kind hier?*
Sind euch schon einmal Wunder widerfahren? Schreibt eine kurze Geschichte dazu. Diskutiert über eure Geschichten. Wie wäre eine Welt ohne Wunder?
Kennt ihr die sieben Weltwunder? Stonehenge könnte auch eines sein. Schlagt nach, was man darunter versteht. Kann es auch Wunder ohne die Vorstellung von Gott geben? Diskutiert eure Vorstellungen.

Stonehenge, prähistorische Steinanlage aus dem 3. bis 2. Jahrtausend v. Chr. in Wiltshire, Südengland

A *Betrachtet das Foto und beschreibt die Bildelemente. Diskutiert in der Klasse, was ihr seht und wie dies zu verstehen ist.*
Welcher Mythos ist mit Stonehenge verbunden? Schaut ins Internet oder ins Lexikon.
Wie könnte man sich die Anordnung der Steine in Stonehenge erklären?
Warum glauben noch heute Menschen an die Übernatürlichkeit von Stonehenge? Kennt ihr ähnliche Orte?

Die Wende zum Heiligen

Franz von Assisi
bei der „Vogelpredigt“

Franz von Assisi – Martin Luther

Franz von Assisi wurde 1182 als Sohn einer reichen, angesehenen Familie in Mittelitalien geboren. Zuerst lebte er, wie in seiner Familie üblich, das Leben eines wohlhabenden Kaufmannssohnes. Dies hieß, dass er sich nach der neuesten Mode kleidete, viel Geld für Essen und Trinken ausgab und fröhliche Feste feierte. Plötzlich nimmt sein Leben eine Wende. Von heute auf morgen ändert er sein Leben und beginnt das Leben eines armen Mönches.
Ebenso wie Franz von Assisi veränderte Martin Luther sein Leben plötzlich grundlegend. Er war, als dies passierte, Jurastudent. Luther schreibt darüber, dass er, als er von einem Besuch in Erfurt nach Hause zurückwanderte, von einem schweren Gewitter überrascht wurde. In seiner Not gelobte er, Mönch zu werden. Er machte sein Versprechen wahr und trat am nächsten Tag in ein Augustinerkloster ein.

A *Schlagt nach, wie der Tagesablauf eines Mönches aussieht.*
Was könnte eures Erachtens das Leben eines Menschen so wesentlich ändern und ihn veranlassen, das Leben eines Mönches zu wählen?

Ein heiliges Leben

Der Hinduismus, der Buddhismus und der Islam sind Religionen, die im täglichen Leben von Menschen eine große Rolle spielen. So verhält sich z. B. ein Hindu aus Indien religiös, wenn er sich an die Lebensordnung hält, wie sie in der Bhagavadgita beschrieben wird. Das Leben ist in vier Stadien (Ashramas) unterteilt, denen jeweils vier Werte entsprechen. Die Werte gilt es auszuleben und zu überschreiten. Was Werte sind, findet ihr im Lehrbuch auf Seite 141.

Sanatana Dharma – ewige Ordnung aller Dinge

Lebensstadien:
1. Schüler
2. Ehegatte, Hausvater, im Erwerbsleben Stehender
3. Um Selbstfindung bemühter Mensch
4. Einsiedler und heimatloser Pilger

Den vier Lebensstadien werden folgende vier Werte zugeordnet:
1. Begierde, Verlangen
2. Wohlstand, Vermögen, Ansehen, Erfolg
3. Rechtschaffenes Leben in Hinsicht auf die Gemeinschaft
4. Erlösung, Befreiung

A *Diskutiert die Übereinstimmung der Lebensstadien mit den Werten.*
Wie würden eure Lebensstadien aussehen? Führt ihr ein heiliges Leben? Warum? Warum nicht?

P Welche Stellung nimmt die Frau in diesem System ein? Sammelt Zeitungsausschnitte darüber und befragt Expertinnen und Experten.

Mose

Mose, so erzählt die Geschichte, wurde um 1225 v. Chr. geboren. Er gehörte zum Stamm Levi. Er wurde als neugeborenes Kind ausgesetzt und von der Tochter eines Pharaos gefunden. Er wuchs in Ägypten auf. Ihm, so berichten die Geschichtsschreiber des Alten Testaments, zeigte sich Gott und beauftragte ihn damit, das Volk Israel aus der damaligen Gefangenschaft in Ägypten zu befreien. Anschließend übergab er ihm die Zehn Gebote, die Grundlage der jüdischen wie auch der christlichen Religion sind. Im Christentum kommt lediglich das Gebot der Nächstenliebe hinzu.

Wie Gott sich Moses offenbarte – Theophanie

Q Als es aber am dritten Tag Morgen wurde, da geschah ein Donnern und Blitzen, eine schwere Wolke lag auf dem Berg, und ein sehr starker Hörnerschwall ertönte, so dass das ganze Volk, das im Lager war, erschrak.
Da führte Mose das Volk Gott entgegen aus dem Lager heraus, und sie stellten sich am Fuß des Berges auf.
Der Berg Sinai war ganz in Rauch gehüllt – weil Jahwe auf ihn herabgestiegen war im Feuer –, und sein Rauch stieg auf wie der Rauch eines Schmelzofens, und der ganze Berg bebte stark.
Der Hörnerschwall wurde immer stärker. Mose redete, und Gott antwortete ihm im Schall.
Jahwe stieg auf den Berg Sinai herab, auf den Gipfel des Berges, und Jahwe rief Mose auf den Gipfel des Berges, und Mose stieg herab.

(Altes Testament, Exodus 19, 16-20)

A *Von welchen Phänomenen wird die Gotteserscheinung, von der die Geschichtsschreiber erzählen, begleitet? Was kann das bedeuten?*
Wie kommt es, dass Mose nicht erschrickt? Erkundigt euch.
Wie würdet ihr reagieren, wenn euch wie Mose die Verantwortung für ein ganzes Volk übertragen wird? Diskutiert über seine Lage.

Der Abschiedsbrief Jossel Rackovers aus dem lichterloh brennenden Warschauer Ghetto

Q Falls ich bisher nicht geglaubt hatte, dass Gott uns zum auserwählten Volk bestimmt hat, unsere Leiden haben mich davon überzeugt. Ich glaube an Gott von Israel. Auch wenn er alles getan hat, um mich an ihn unglauben zu machen [...] Ich sterbe ruhig, aber nicht befriedigt; ein Geschlagener, aber kein Verzweifelter; ein Gläubiger, aber kein Betender; ein Verliebter in Gott, aber kein blinder Amen-Sager [...] Und das sind meinen letzten Worte an dich, mein zorniger Gott: Es wird dir nicht gelingen! Du hast alles getan, damit ich nicht an dich glaube, damit ich an dir verzweifle! Ich aber sterbe, genau wie ich gelebt habe, im felsenhaften Glauben an dich: Höre Israel, der Ewige ist unser Gott; der Ewige ist einig und einzig.

(Nach Pinchas Lapide)

A *Holt Informationen über das Warschauer Ghetto ein.*
Wie versteht ihr diesen Brief? Hättet ihr im Warschauer Ghetto den Glauben aufgegeben?

Gott im Kreuzfeuer der Kritik

D Etymologisch: Religion: von dem lat. *relegere* „von neuem in Gedanken zurückgehen", „wieder zusammennehmen, zurücknehmen, wieder von neuem lesen" oder von *religare*, „binden, anbinden, zurückbinden, befestigen". Bei Augustinus: Bindung des Menschen an Gott.

Die Frage, ob es einen Gott gibt

Q Einer fragte Herrn Keuner, ob es einen Gott gäbe. Herr Keuner sagte: „Ich rate dir, nachzudenken, ob dein Verhalten je nach der Antwort auf die Frage sich ändern würde. Würde es sich nicht verändern, dann können wir die Frage fallenlassen. Würde es sich ändern, dann kann ich dir wenigstens noch so weit behilflich sein, daß ich dir sage, du hast dich schon entschieden: Du brauchst einen Gott."

(Bertolt Brecht)*

A *Schreibt den Dialog mit Herrn Keuner weiter. Ist das Argument von Herrn Keuner überzeugend? Diskutiert es in der Klasse.*

Bertolt Brecht; Zeichnung von Herbert Sandberg

Religion ist Opium – Thesen der Religionskritik

Q Die psychologische Religionskritik:

1. Im Laufe des Lebens wird dem Menschen bewusst, wie schwierig und hart das Leben ist.
2. Er vergleicht sein Leben als Erwachsener mit seinem Leben als Kind und sehnt sich in diese Zeit der Geborgenheit zurück.
3. Mit der Geborgenheit verbindet er eine Vaterfigur.
4. Diese Vaterfigur bieten auch die meisten Religionen in Form des Gott-Vaters an.
5. Der nach Geborgenheit suchende Mensch flüchtet in die Scheinwelt der Religion, um so der harten Realität entkommen zu können.

Die soziologische Religionskritik wendet diesen Begründungsgang auch auf die Gesellschaftsordnung an:

1. Durch die Religion werden die Menschen auf die Erfüllung ihrer Wünsche im Jenseits vertröstet.
2. Dadurch lassen es sich die unteren Schichten gefallen, im Diesseits ihr Leben in Unterdrückung zu ertragen.
3. Somit hat die Religion hier die Aufgabe der illusionären Wunscherfüllung.
4. Durch die von den Religionen geforderte Abhängigkeit des Menschen zu Gott wird der Mensch von vornherein auf Abhängigkeitsverhältnisse in seinem Arbeitsleben programmiert. Er merkt sozusagen nicht mehr, dass er abhängig ist, weil er durch die Religion daran gewöhnt ist.

(Nach Gerd Theißen, Theologe)

A *Diskutiert die Thesen der Religionskritik. Findet ihr auch andere Gründe?*

Das „ozeanische“ Gefühl

Der Psychoanalytiker Sigmund Freud, der von 1856 bis 1936 lebte und somit ein Zeitgenosse Gandhis war, notiert in seinen Aufzeichnungen, dass es viele Menschen gibt, die allgemein anerkannt und gleichzeitig religiös sind.
In zahlreichen Gesprächen mit religiösen Menschen versucht er, diesem Phänomen auf den Grund zu kommen.
Einer seiner Gesprächspartner erklärt ihm, dass er, Freud, die eigentliche Quelle der Religiosität nicht beachte. Diese Quelle nennt sein Gesprächspartner

- ein besonderes Gefühl
- Empfindung der Ewigkeit
- das Gefühl des Unbegrenzten, Schrankenlosen
- ozeanisch.

Dieses besondere Gefühl sei nicht zu verwechseln mit einem Glaubenssatz. Es sei einfach nur eine Tatsache. Die verschiedenen Religionen und Kirchen machen sich eben dieses Gefühl zunutze. Sie schaffen Möglichkeiten, durch die der Mensch dieses Gefühl des Ozeanischen ausleben kann.
Freud versucht, diese These zu widerlegen. Er untersucht als Psychoanalytiker die Entwicklung des Ich. Freud sagt, dass wir uns über eines sicher sind, und zwar über uns selbst. Dieses Selbst ist das Ich, und wir sind uns unserer selbst um so sicherer, je genauer wir uns beschreiben und nach außen hin abgrenzen können.
Einen Menschen, der sein Ich nur ungenau nach außen zu anderen Menschen, zur Umwelt hin abgrenzen kann, nennt Freud pathologisch verzerrt, also krank.
Überträgt man diesen Gedanken auf die Religiosität, dann ist diese ein Ausdruck eines „kranken“ Menschen. Wenn der religiöse Mensch sagt, dass er von einem ozeanischen Gefühl überwältigt wird, ist er nicht mehr Herr seiner selbst. Sein Ich wird von fremden, nicht von ihm zu beeinflussenden Mächten geformt.

(Nach Sigmund Freud, Begründer der Psychoanalyse und Philosoph)

A *Diskutiert Freuds These über das „ozeanische“ Gefühl.*
Wie würdet ihr Religiosität beschreiben? Fertigt ein Begriffsbild dazu an.

Mahatma Gandhi (1869–1948) war Indiens berühmtester Staatspräsident und Erneuerer. Er forderte nicht nur ein Nebeneinander der Religionen, sondern sorgte auch dafür, dass die sogenannten Kastenlosen, Menschen ohne eine religiöse Gemeinschaft, die mehr als ein Viertel der gesamten indischen Bevölkerung ausmachten, in die Gesellschaft wieder aufgenommen wurden. Gandhi war einerseits ein realistischer Staatsmann und andererseits ein sehr religiöser Mensch.

Mahatma Gandhi

A *Wie erklärt ihr euch, dass Gandhi politisches Handeln und Religiosität zu verbinden vermochte?*

Gottesbeweise – im Zweifel für den Angeklagten?

D Ein Gottesbeweis ist eine Begründung für die Existenz Gottes. Dabei darf man sich nicht auf religiöse Vorschriften oder darauf, dass sich Gott einem offenbart habe, berufen. Ein Gottesbeweis kann daher nur außerhalb der Religion gesucht werden.

Selbstverteidigung eines Neubekehrten

Q *Der Weise:* Wen stellen Sie uns vor?
Der Pate: Einen aufrichtigen jungen Mann, der die Wahrheit sucht.
Der Weise: Ist er gelehrt?
Der Pate: Er ist stolz darauf, dass er sehr viele Dinge nicht weiß, welche die anderen zu wissen glauben ...
Der Weise: Glauben Sie dem Zeugnis Gottes?
Der Neubekehrte: Dem Zeugnis Gottes? Spricht Gott überhaupt? Ich habe geglaubt, Gott spreche nur durch seine Werke, durch den Himmel, durch die Erde, durch die Mücke wie durch den Elefanten. Das ist die Sprache, an der ich das Göttliche erkenne. Aber hat Gott jemals anders gesprochen?
Der Weise: Ja, zu seinen Lieblingen.
Der Neubekehrte: Zu welchen? Zu Zarathustra, zu Noah, zu Moses, zu Mohammed? Da ist eine ganze Schar, die sich rühmt, Gott habe zu ihnen gesprochen. Betrüblich ist dabei, dass er zu jedem in einer anderen Sprache gesprochen hat. Wem soll man glauben? [...] Genügt mir nicht die Stimme meines Gewissens? Durch diese Stimme spricht Gott doch zuverlässiger zu mir als durch euren Mund; durch sie spricht Gott in gleicher Weise zu allen Menschen, zu den Wilden wie zu den Philosophen, zu dem Lappen wie zu dem Irokesen. [...] Glaubt ihr, dass Gott, wenn er mich irgendetwas anderes lehren wollte als das, was er meiner Seele eingeprägt, sich eurer bedienen würde?

(Denis Diderot, französischer Philosoph)

A *Formuliert mit eigenen Worten, welche Zweifel der Neubekehrte an Gott hat.*
Gestaltet in einer kleinen Szene einen ähnlichen Dialog.

Die Unhaltbarkeit der zentralen Gottesbeweise

John Hospers ist ein englischer Philosoph, geb. 1918. Hospers sagt: Es gibt zwei Arten von Gottesbeweisen: den teleologischen und den kosmologischen.

D Der teleologische Gottesbeweis geht davon aus, dass die Natur planmäßig und zweckgerichtet (telos) eingerichtet sei. Wenn die Natur nach einem Zweck eingerichtet sei, müsste es einen geben, der dies so getan hätte. Das Schiff Natur braucht einen Kapitän Gott. Der Philosoph Kant kritisiert an dieser These vor allem, dass der Begriff des „Zwecks" (telos) außerhalb des menschlichen Handelns angewandt wird und es keinen Beweis dafür gibt, dass dies möglich sei.

A *Erklärt mit euren Worten, was der teleologische Gottesbeweis meint und welchen Haupteinwand Kant dagegen hat.*

A *Könnt ihr euch auch andere Gründe für die Existenz des Kosmos vorstellen? Schreibt ein Gedicht über den Kosmos oder entwerft ein Gedankenbild.*

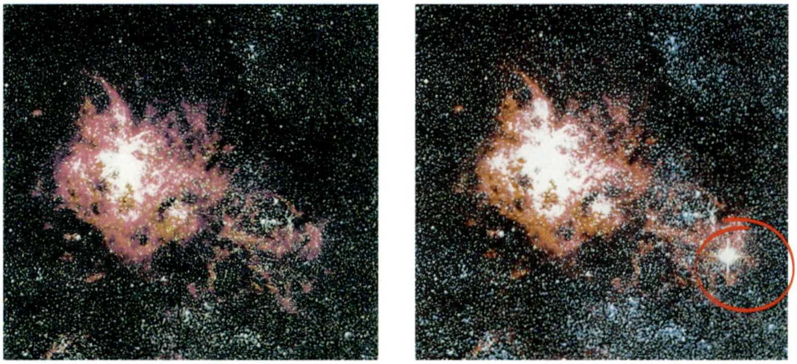

Geburt eines Sterns, sichtbar auf zwei Aufnahmen vom 23. und 27. Februar 1987

D Der kosmologische Gottesbeweis behauptet: Alles hat eine Ursache. Wenn das so ist, muss auch das Universum eine Ursache haben. Diese Ursache ist Gott. Daher existiert Gott.

Fünf Eskimos

Q Hospers behauptet, dass der Satz, dass alles eine Ursache habe, nur auf Ereignisse oder Geschehnisse anwendbar sei. Nicht die Dinge hätten eine Ursache, sondern die Entstehung eines Dinges hätte eine Ursache. [...] Wenn wir also nach der Ursache eines Dinges, wie zum Beispiel eines Eies fragen, fragen wir nach der Ursache seiner Entstehung. [...] Diese Frage nach der Entstehungsursache könnte man nun auch in Bezug auf das Universum stellen. Aber ist das Universum ein Ding? Man wäre eher zu sagen geneigt, dass das Wort „Universum" ein Sammelbegriff ist und für die Gesamtheit aller existierenden Dinge steht. [...]

Muss nun eine Gesamtheit eine einzige Ursache haben oder kann jeder einzelne Teil der Gesamtheit eine eigene Ursache haben? [...]

Angenommen, ich sehe eine Gruppe von fünf Eskimos, die an der Ecke Sixth Avenue und 50th Street in New York steht, und ich möchte erklären, wieso die Gruppe dorthin kam. Nachforschungen ergeben die folgenden Fakten: Eskimo Nr. 1 gefiel die extreme Kälte in der Polargegend nicht, und sie entschloss sich, in ein wärmeres Klima umzuziehen. Eskimo Nr. 2 ist der Ehemann von Eskimo 1; er liebt sie und wollte nicht ohne sie leben. Eskimo Nr. 3 ist der Sohn der beiden; er ist zu klein und zu schwach, um sich seinen Eltern zu widersetzen. Eskimo Nr. 4 sah eine Anzeige in der New York Times, wo ein Eskimo für einen Auftritt im Fernsehen gesucht wurde. Eskimo Nr. 5 ist ein Privatdetektiv, der von der Pinkerton Angency beauftragt wurde, Eskimo Nr. 4 zu beobachten. Nehmen wir an, dass wir jetzt für jeden der fünf Eskimos geklärt haben, warum er oder sie sich in New York befindet. Nun stellt jemand die Frage: „Gut, aber was ist mit der Gruppe insgesamt, warum ist sie in New York?" Diese Frage wäre eindeutig absurd. Über die fünf Personen hinaus gibt es keine Gruppe, und wenn wir erklärt haben, warum jede der fünf Personen in New York ist, haben wir damit ebenfalls erklärt, warum die Personengruppe in New York ist.

(Norbert Hoerster, deutscher Philosoph)

A *Welchen Grund für die Nichthaltbarkeit der These, dass Gott als Ursache des Kosmos anzusehen ist, gibt Hospers an? Diskutiert seine These.*
Wie würdet ihr jemanden von der Nichtexistenz Gottes überzeugen wollen? Entwerft ein dazu Streitgespräch.

4. Was ist der Mensch?

Kann ich wissen, was andere Menschen denken?

Sind Gedanken wirklich?

Muss ich immer logisch denken?

Können Computer denken?

Warum habe ich immer so viele Fragen in meinem Kopf?

Kann ich mit meinen Gedanken endlos spielen?

? ? ? ? ?

A *Sucht euch eine Frage aus und denkt sie weiter, indem ihr verschiedene Zusatzfragen stellt.*

- Was ist ein Gedanke?
- Gibt es verschiedene Arten von Gedanken?
- Was heißt wirklich?

4.1 Gedankenwelten

Worüber ich nachdenke

Das Tagebuch der Alice

Alice Sturiale wurde am 18. November 1983 in Florenz geboren. Sie ist von Geburt an krank, leidet an spinaler Muskelatrophie. Die Krankheit schränkt ihre Bewegungsfreiheit ein, nicht aber die Fähigkeit zu denken. Mit sechs Jahren fängt Alice an, alles aufzuschreiben, was sie bewegt. Es sind Gedanken, Gedichte und Geschichten.

Alles verändert sich

Die Zeit seit dem letzten Jahr ist schnell vergangen, und ich habe es beinahe nicht einmal gemerkt: Tja! In Wirklichkeit sind in diesem Jahr, wenn ich richtig nachdenke, so viele Dinge passiert, und andere haben sich vollkommen verändert. Vielleicht habe auch ich selbst mich in dieser Zeit verändert: Ich bin gewachsen! Jedes Jahr wächst man ein wenig, aber manchmal passiert es, ohne dass man es merkt.

(31. Mai 1995, 6. Klasse)

Die Pfütze

Sie ist dort mitten auf der Straße
ganz ganz allein,
ergeben und glücklich
reglos und ruhig ...
sie sammelt die letzten Sonnenstrahlen
und damit spielt sie,
es macht ihr Spaß
einen Regenbogen zu basteln
und sie zeigt ihn
den zerstreuten Passanten.

Da erscheint mein Abbild
in dieser Pfütze
sie hat es für mich gemacht
und sie lächelt mir zu,
dann
fällt ein Regentropfen
von oben herab
und mein Gesicht
zerbricht
in hunderttausend kleinen Wellen.

(Januar 1996, 7. Klasse)

Wieso merken wir manchmal nicht und manchmal sehr bewusst, dass wir wachsen?
Wieso erscheint Alices Abbild in der Pfütze? Hast du ähnliche Situationen erlebt? Schreibe sie in dein Heft.

Einsamkeit

Q Einsamkeit, Bedrückung und Furcht. Dieses arme, zerstörte, einsame und resignierte Geschöpf sieht aus, als hätte man es aus der Welt verjagt und in einen schweren Alptraum eingeschlossen, in einen Käfig aus unzerstörbaren Mauern, aus denen man nicht herauskommt: Draußen ist die Finsternis, das Mysterium, das Unbekannte. Drinnen die Verzweiflung, es gibt keinen Ausweg. Er ist eingeschlossen und sein menschliches Dasein wird nach und nach unvermeidlich zerstört, denn meiner Meinung nach ist dieser Mann eingeschlossen in die eigenen Schuldgefühle, und man kann nicht vor sich selbst davonlaufen.

(8. März 1994, 5. Klasse)

Luca Viviani:
Der liebenswerte Gladiator

A *Betrachte das von Alice interpretierte Bild, lies dann ihre Gedanken noch einmal. Schreibe auf, was du denkst.*
Was bedeutet Einsamkeit für dich?

Ein Buchtipp

Weitere Gedanken von Alice findet ihr in ihrem Tagebuch, das mit einem der bedeutendsten Literaturpreise Italiens ausgezeichnet worden ist: Alice Sturiale. Vom Glücklichsein. Das Tagebuch der Alice, O-und-P-Verlag, Ratingen 1997.

Fragen, die mir durch den Kopf gehen

Wer bin ich?

Albrecht Dürer, Selbstbildnisse
im Alter von 13 Jahren (1484), 22 Jahren (1493) und
27 Jahren (1498)

Bin ich immer die gleiche Person?

Auch wenn ich vor zehn Jahren ganz anders aussah als heute und nicht eine einzige Zelle meines Körpers die gleiche ist. Was bleibt von mir?

Ich kann anders werden wollen als ich bin, aber ich kann nicht eine andere Person werden wollen als die, die ich bin, oder?

Menschen ändern ihren Namen, suchen neue Freunde oder verlassen den Ort, an dem sie gelebt haben, um jemand anderes zu werden. Kann man dadurch jemand anderes werden?

A *Was würdet ihr auf die Fragen antworten? Notiert euch Stichwörter dazu und führt ein Streitgespräch.*
Vergleicht hierzu auch noch einmal die Seiten 20 und 21.

Wie stellt du dir dein künftiges Leben vor? Schreibe anhand der Collage eine Geschichte.

Prinzessin Jaja

Eines Abends traf Prinzessin Jaja einen jungen Mann. Sie fasste sich ein Herz und fragte äußerst gnädig: „Warum siehst du mir nach, wenn ich vorübergehe? Weißt du nicht, wer ich bin?"
„Nein", erwiderte der Jüngling.
„Willst du mich etwas fragen?" fuhr sie fort. Und da der Jüngling schwieg, setzte sie hinzu: „Ich bin Prinzessin Jaja."
„Woher weißt du das?" fragte der Jüngling.
Nun schwieg die Prinzessin höchlichst überrascht. Alles hatte sie schon im Stillen in Frage gestellt, Sonne und Mond und den König HäHä und sogar ihr Schoßhündchen Piffi. Aber ob sie sie selber sei, das war ihr noch nicht eingefallen zu bezweifeln.
„Alle Menschen sagen es", erwiderte sie endlich.
„Mir sagt es niemand", sprach der Jüngling. „Ich weiß nichts von einer Prinzessin Jaja. Ich weiß nur, dass ich etwas Liebliches sehe und höre. Warum muss es außerdem noch eine Prinzessin Jaja geben? Hier ist mein Glück und sonst weiß ich nichts."

(In: Traumkristalle)

Auf welche Frage antwortet der Text? Welche Antwort gibt er? Welche Antwort würdest du auf die Frage geben?
Denk dir einen zweiten Teil für das Märchen aus.

Ich weiß, dass ich denke

Gedankenraten

Das Spiel „Gedankenraten“ kann in verschiedenen Varianten gespielt werden.

Die erste Variante ist folgende: Einer Person wird ein Bild oder ein Foto gezeigt. Sie schreibt ihren ersten Gedanken zu dem Bild auf, ohne dass die anderen sehen können, was sie aufschreibt. Die anderen raten den Gedanken der Person.

Eine andere Variante wäre: Der Person wird etwas in die Hand gelegt. Sie schreibt auf, was sie gefühlt hat. Die anderen raten, was sie gefühlt haben könnte.

Eine dritte Variante wäre: Der Person wird ein Wort genannt, sie schreibt angeregt von dem Wort auf, was sie sich wünscht. Die anderen versuchen, ihre Wünsche zu erraten.

A *Spielt das Spiel in kleineren Gruppen. Wechselt dabei die Rollen.*
Habt ihr wirklich die Gedanken, Gefühle oder Wünsche der Person erraten? Warum? Warum nicht?
Welche Fähigkeit der Person, deren Gedanken, Gefühle oder Wünsche erraten werden sollen, setzt das Spiel voraus?

„Ich weiß, dass ...“

Es gibt Situationen, in denen wir unmittelbar wissen, dass wir etwas gefühlt, wahrgenommen, uns vorgestellt oder gedacht haben. In solchen Situationen können wir sagen: „Ich weiß, dass ...“
Wir sind uns unseres Fühlens, Wahrnehmens, Vorstellens, Wollens und Denkens in diesen Situationen bewusst, wir haben Bewusstsein davon.
„Wenn ich weiß, dass ich ...“, so habe ich Bewusstsein von meinem eigenen Zustand, beispielsweise, dass ich denke.

D Bewusstsein meint „Wissen des Wissens“, das heißt das Wissen vom eigenen Vorstellen, vom eigenen Meinen und vom eigenen Wollen. Insbesondere bedeutet Bewusstsein zu wissen, dass ich existiere.

A *Gibt es Situationen, in denen du nicht weißt, dass du denkst / etwas fühlst / etwas willst?*
Beschreibe solche Situationen in deinem Heft.
Vergleiche auch die Themen „Träum' ich oder wach' ich?“ und „Zwischen Tag und Nacht“ auf den Seiten 12 und 16. Was stellst du fest?

Die Freude der Fische

Q Tschuang-tse lustwandelte einst mit seinem Freunde Hui-tse auf einer Brücke.
Tschuang-tse sprach: „Wie munter springen und tummeln sich die flinken Fische! Das ist die Freude der Fische."
Hui-tse sprach: „Du bist kein Fisch, wie kannst du da der Fische Freuden kennen?"
Tschuang-tse sprach: „Du bist nicht ich, wie kannst du wissen, ob ich nicht doch der Fische Freuden kenne?"
Hui-tse sprach: „Ich bin nicht du, und darum kann ich dich allerdings nicht kennen. Aber fest steht, dass du kein Fisch bist, und damit ist vollkommen klar, dass du der Fische Freuden nicht kennen kannst."
Tschuang-tse sprach: „Bitte, lass uns zum Ausgangspunkt zurückkehren! Du sagtest: ‚Wie kannst du denn der Fische Freuden kennen?' Du wusstest dabei schon im voraus, ob ich sie kenne, und fragtest doch. Ich kenne der Fische Freuden aus meiner Freude, ihnen von der Brücke aus zuzusehen!"

(Tschuang-tse, chinesischer Philosoph)

A *Kannst du wissen, was andere denken / fühlen / wünschen? Schreibe dazu eine kurze Geschichte.*

Können Tiere denken?

Wir können ja die Hunde nicht fragen

Q *Rebecca:* Tiere können eine Menge Dinge machen, die Menschen nicht machen können. Fische können z. B. ganz lange ihren Atem anhalten, und sie müssen auch nicht aus dem Wasser kommen, um Luft zu holen. Sie können solange sie wollen unter Wasser bleiben. Hunde können gut riechen, und Elefanten wissen alles, was um sie herum passiert ist, und sie behalten es ganz, ganz lange. Tja, und Vögel können fliegen, sie müssen sich nicht erst Flugzeuge bauen.

Mutter: Das stimmt natürlich. Ich wollte eigentlich auch nur sagen, dass Menschen ganz andere Dinge machen als Tiere, und deshalb finde ich sie klüger.

Rebecca: Was meinst du denn mit „ganz andere Dinge machen"?

Mutter: Also, ich meine das so; wir machen ja ...

Rebecca: Wer ist denn „wir"?

Mutter: Ich meine mit „wir" die Menschen. Die Menschen haben sich in verschiedenen Gruppen zusammengetan. Sie entscheiden, welche Dinge wichtig für sie sind. Einige Gruppen machen mehr als andere oder einfach bessere Sachen. Dann sagen wir, dass sie klüger als andere sind.

Rebecca: Aber das ist ja ungerecht. Wir nehmen uns einfach heraus, was wir interessant finden, und dann sagen wir, das ist klug. Aber wir können ja auch sagen, dass es das Klügste ist, ohne Luft zu holen unter Wasser zu bleiben. Dann wäre ein Fisch klüger als wir.

Mutter: Du hast schon recht, Rebecca. Aber wir können ja die Hunde und Elefanten nicht fragen, wie sie darüber denken. Sie können sich nicht mit uns unterhalten. Ich weiß allerdings auch nicht ganz genau, welches die wichtigsten Dinge sind.

Rebecca: Vielleicht könnte man sagen, dass wir besser als die Tiere sind, weil wir mehr Dinge machen können als sie.

Mutter: Ja, das könnte man sagen. Wir müssten aber noch genauer sagen, welche Dinge das sind. Vögel können fliegen, die Menschen können das nicht. Fische leben, ohne Luft zu holen, unter Wasser; Menschen können das nicht.

Rebecca: Aber, was können sie denn, was sie so wichtig macht?

Mutter: Nun ja, ich habe ja vorhin schon gesagt, dass sie lesen und schreiben können und zur Schule gehen ...

Rebecca: Was denn, zur Schule gehen ist wichtig?

Mutter: Wir gehen in die Schule und reden darüber, und wir versuchen herauszufinden, was wichtig für uns ist. Ich meine, dass dies ein großer Unterschied gegenüber den Tieren ist. Die können nicht darüber reden, was wichtig für sie ist.

(Ronald Reed, amerikanischer Philosoph)

A *Wer überzeugt dich mehr in diesem Gespräch: Rebecca oder ihre Mutter? Begründe deine Meinung. Findet weitere Unterschiede zwischen Mensch und Tier.*

Ein Hund?

A *Wovon gibt Fried eine Definition? Welche wesentlichen Eigenschaften nennt er?*

Pro und Kontra

Können Tiere denken? Was meinst du? Überlege gemeinsam mit jemandem aus der Klasse, was dafür spricht, was dagegen. Schreibt dann einzeln einen Aufsatz darüber. Berücksichtigt dabei das Begriffsnetz.

sprechen | sich bewusst sein | sich vorstellen

denken

wünschen | wollen | fantasieren

A *Ist es möglich, dass Tiere schweigend denken?*
Woher wissen wir eigentlich, dass andere Menschen denken?
Kannst du dir ein Wesen vorstellen, das denken kann, ohne dass du jemals merkst, dass es denkt?
Diskutiert in der Klasse darüber.

Von einfachen und schwierigen Fragen

Der Garten der Fragen

Q Der imaginäre Garten, worin die Fragen gesät werden und die Antworten wachsen, ist groß. Es gibt Nutzfragen, wie es Nutzpflanzen gibt, und man erntet nahrhafte Antworten. Es gibt Zierfragen, und die buntblühenden Antworten tun uns wohl. Es gibt pompöse Fragen. Die plustrigen Antworten hierauf nehmen im Garten viel Platz weg. Aber sie sind beliebt und weit verbreitet. Besonders hübsch und sehenswert sind die am Gartenrand gelegenen Spezialbeete mit den dort blühenden Antworten auf jene Fragen, die uns schlichten Bürgern nie kämen. Dort war folgende grundsätzliche Frage ausgesät worden: „Wem gehören operativ entfernte Gegenstände?“
Die Gartenverwaltung hat alle Hände voll zu tun, dass ihr und uns die Antworten nicht über den Kopf wachsen und dass die Untergärtner nicht etwa bei ihrer Arbeit in die falsche Fragentüte greifen. Ein leichtfertiger Untergärtner hatte beispielsweise die Frage „Meinen der Papst und die spanische Luftwaffe denselben Himmel?“ in ein Nutzbeet gepflanzt. Zum Glück wurde der Fehlgriff von einem Aufseher entdeckt. Man konnte die Antwort, ehe sie Wurzeln fasste, wieder ausjäten. Der Untergärtner wurde ins Treibhaus strafversetzt. Besonders gefährlich sind auch Fragen, die auf kindlichen Unbedacht zurückzuführen sind. So kam vor einiger Zeit eine Mutter zur Gartenverwaltung und wollte ihres Söhnchens Frage „Ist der liebe Gott eigentlich evangelisch oder katholisch?“ eintopfen lassen. Man sagte, sie möge die Frage dalassen, und gab ihr stattdessen einen Levkojenstock mit. Die Frage nach des lieben Gottes Konfession wurde dann mit anderen Unkrautsamen verbrannt.

(Erich Kästner, deutscher Schriftsteller)

A *Finde Beispiele für Nutzfragen, Zierfragen und Spezialfragen.*
Was bedeutet es, falsche Fragen zu stellen?

Kinderfragen?

A *Schreibe weitere Fragen auf, die du als Kind Erwachsenen gestellt hast. Konnten sie dir Antworten auf deine Fragen geben? Warum? Warum nicht?*
Versucht in kleinen Gruppen Antworten auf diese Fragen zu geben. Welche Probleme treten dabei auf?

Ein Spielvorschlag

Gestaltet eine Frage aus dem Fächer bildnerisch. Lasst anschließend erraten, zu welcher Frage das Bild gehört.
Ihr könnt auch zu verschiedenen Fragen eine Pantomime machen und diese erraten lassen.

Fragen und Antworten

Philosophische Fragen sind, wie ihr bei den Kinderfragen gesehen habt, Sinnfragen. Sie zeigen auf etwas, was noch offen ist, was nicht geklärt ist und nicht auf einfache Weise entschieden werden kann. Viele Fragen, die uns begegnen, zielen dagegen auf eindeutige und einfache Antworten.

A *Finde Beispiele für gewöhnliche und philosophische Fragen.*
Kann es Fragen ohne eindeutige Antworten geben? Warum? Warum nicht?

Formen philosophischer Fragen

Auch wenn es unendlich viele philosophische Fragen gibt, lassen sich dennoch – wie bereits John Locke vor 300 Jahren herausfand – zwei verschiedene Formen von Fragen unterscheiden. Es gibt Fragen der Form „Was ist das?“, die nach der Bedeutung von etwas fragen. Und es gibt Fragen, die eine Rechtfertigung oder Begründung fordern. Sie sind vom Typ „Wieso kann man das behaupten?“

A *Nenne weitere Beispiele zu diesen Frageformen.*

Mit Gedanken spielen

Was wäre, wenn ...

... man die Gedanken anderer Menschen lesen könnte?
... alle Menschen lügen würden?
... wir nichts vergessen könnten?
... jeder eine eigene Sprache erfände?
... Menschen nicht mehr mit Gedanken spielen könnten?

A *Bevor ihr in der Klasse einen dieser Gedanken durchspielt, experimentiert zunächst für euch selbst. Nehmt euch Zeit und erkundet die von euch erdachte Welt. Zeichnet ein Bild dazu und notiert einige Stichwörter oder schreibt einen Aufsatz.*
Stellt euch eure Gedankenwelten gegenseitig vor. Welche Unterschiede und welche Gemeinsamkeiten gibt es?

Die Erlebnismaschine

Q Man stelle sich eine Erlebnismaschine vor, die einem jedes gewünschte Erlebnis vermittelt. Super- und Neuropsychologen können das Gehirn so reizen, dass man glaubt und das Gefühl hat, man schreibe an einem großen Roman, schlösse Freundschaft oder läse ein interessantes Buch. Dabei schwimmt man die ganze Zeit in einem Becken und hat Elektroden ans Gehirn angeschlossen.

(Robert Nozick, amerikanischer Philosoph)

A *Würdest du dich an eine solche Maschine anschließen lassen? Welche Gründe sprechen dafür, welche dagegen?*

Philosophische Gedankenexperimente

Q Die wahren Abenteuer sind im Kopf,
und sind sie nicht im Kopf, dann sind sie nirgendwo.
Die wahren Abenteuer sind im Kopf, in deinem Kopf,
und sind sie nicht in euren Köpfen, dann suchet sie.
Die Wirklichkeit,
die Wirklichkeit
trägt wirklich ein Forellenkleid
und dreht sich stumm
und dreht sich stumm
nach anderen Wirklichkeiten um.

(André Heller,
österreichischer Schauspieler und Zirkusdirektor)

A *Was ist der Unterschied zwischen Abenteuern im Kopf und Abenteuern in der Wirklichkeit? Welche Abenteuer im Kopf hast du schon erlebt? Male eines auf und berichtet euch gegenseitig von diesen Abenteuern. Welche Unterschiede gibt es?*

Gedankenexperimente

Philosophieren heißt mit Gedanken spielen und experimentieren. In Gedankenexperimenten können mögliche Welten erkundet und erfahren werden. Mit den Flügeln der Fantasie können wir in Gedanken reisen. Mit Hilfe dieser Gedankenexperimente lassen sich neue Fragen stellen. In Gedankenexperimenten stellen wir uns vor, dass ...; tun wir so, als ob ...; fragen wir uns, was wäre, wenn ...?

A *Hast du selbst bereits Gedankenexperimente erfunden oder kennen gelernt? Welche? Berichte den anderen davon.*

4.2 Denken und Sprechen

Kann Sprache verhexen?

Der Zipferlak

Q

Er zückt' sein scharfgebifftes Schwert,
Den Feind zu futzen ohne Saum,
Und lehnt' sich an den Dudalbaum
Und stand da lang in sich gekehrt,

In sich gekeimt, so stand er hier:
Da kam verschnoff der Zipferlak
Mit Flammenlefze angewackt
Und gurgut' in seiner Gier.

Mit eins! und zwei! und bis aufs Bein!
Die biffe Klinge ritscheropf!
Trennt er vom Hals den toten Kopf,
Und wichern sprengt er heim.

„Vom Zipferlak hast uns befreit?
Komm an mein Herz, aromer Sohn!
O blumer Tag! O schlusse Fron!"
So kröpfte er vor Freud.

Verdaustig wars, und glasse Wieben
rotterten grokicht im Gemank;
Ger elump war der Pluckerwank,
Und die gabben Schweisel frieben.

*(Lewis Carroll,
englischer Mathematiker und Schriftsteller)*

Kurt Schwitters, Merzbild 21 B,
Das Haar-Nabelbild, 1920

A *Lest das Gedicht laut vor.
Kannst du sagen, welche Gedanken dir dabei durch den Kopf gegangen sind?
Würdest du so sprechen? Warum? Warum nicht?*

Hinter Glas

Q Renate verlor mit acht Jahren nach einer Hirnhautentzündung ihr Gehör. Ihr Leben änderte sich dadurch von Grund auf, sie beschreibt dies so:
„Wenn ich wusste, worüber jemand sprach, gelang mir das Absehen vom Mund schon bald recht gut. Wenn ich dagegen unerwartet angesprochen wurde und keine Ahnung vom Gesprächsgegenstand hatte, dann fühlte ich mich bedrückend hilflos. Das besserte sich zwar erheblich. Aber grundsätzlich ist es so geblieben: Die Informationen, die ich tatsächlich aus den Sprechbewegungen entnehmen kann, sind verhältnismäßig gering. Um zu verstehen, bin ich immer auf mein eigenes inneres Mitsprechen und Mitdenken, aber auch auf einfühlsames, sinnvolles Erraten und Ergänzen angewiesen."

(Gisela Holdau-Willems, Schriftstellerin)

A *Versucht zu erklären, warum es Renate hilft, andere zu verstehen, wenn sie selbst innerlich mitspricht und mitdenkt.*

Sprachloses Denken?

Kann man etwas denken, ohne dass man sagen kann, was man gedacht hat? Hat man dann wirklich etwas gedacht? Oft sagen wir: „Ich weiß es, aber ich kann es nicht erklären." Was aber weißt du dann?

A *Kennst du solche Situationen? Erzähle sie deinem Nachbarn oder deiner Nachbarin. Was meinst du, kann man denken oder etwas wissen, ohne sagen zu können, was?*

Philosophieren und argumentieren

Beim Philosophieren versuchen wir nicht, durch unser Sprechen jemanden zu verhexen, sondern im Gegenteil so klar wie möglich zu sprechen. Wenn jemand, der deine Meinung nicht teilt, versteht, was du sagen willst, dann hast du gut argumentiert. Auch wenn du die Person vielleicht noch nicht überzeugt hast, so wird aber sie dir jetzt gute Gründe nennen müssen, warum nicht.

A *Probiert es gleich einmal aus.*

Sind unsere Gedanken wirklich?

Gedanken können nicht verschwinden

Q Lisa berichtete Harry von ihrem Gespräch mit Frances und Jill. „Frances sagt, dass ihre Gedanken wirklich sind", erzählte sie ihm.
„Mein kleiner Bruder scheint das auch zu denken", antwortete Harry. „Er ist zwei Jahre alt, und vor ein paar Tagen hörte ich, wie er beim Malen sagte: ‚Ich habe ein Denken, und ich zeichne eine Linie um mein Denken!'"
„Sind denn Gedanken nun wirklich oder nicht?" fragte Lisa. „Ich weiß es noch nicht", sagte Harry, der mit einem Fußball spielte. „In gewisser Weise sind sie viel wirklicher als die Dinge. Denn wenn bestimmte Dinge nicht direkt um uns sind, dann können wir doch gar nicht sicher sein, ob es sie immer noch gibt, aber unsere Gedanken tragen wir immer mit uns herum. Ich kann meine Augen schließen, so dass die Welt verschwindet, aber ich kann nicht meine Gedanken verschwinden lassen."
Und damit ging Harry auf den Fußballplatz und stellte sich ins Tor.
Lisa zuckte mit den Schultern und schlenderte ins Klassenzimmer. „Da ist nichts zu machen!" dachte sie. Die Mittagszeit war nun halb vorbei.

(Matthew Lipman, amerikanischer Philosoph)

A *Harry versucht zu erklären, was Frances möglicherweise gemeint haben könnte, als sie sagte, dass ihre Gedanken wirklich seien. Könnte man ihre Worte auch anders verstehen?*

Kannst du dein Denken beobachten?

Q Kann man denken, ohne zu reden? – Und was ist Denken? – Nun, denkst du nie? Kannst du nicht beobachten und sehen, was da vorgeht? Das sollte doch einfach sein. Du musst ja darauf nicht wie auf ein astronomisches Ereignis warten und dann etwa in Eile deine Beobachtung machen.

(Ludwig Wittgenstein, österreichischer Philosoph)

A *Wie könntet ihr euer Denken beobachten? Überlegt gemeinsam.*

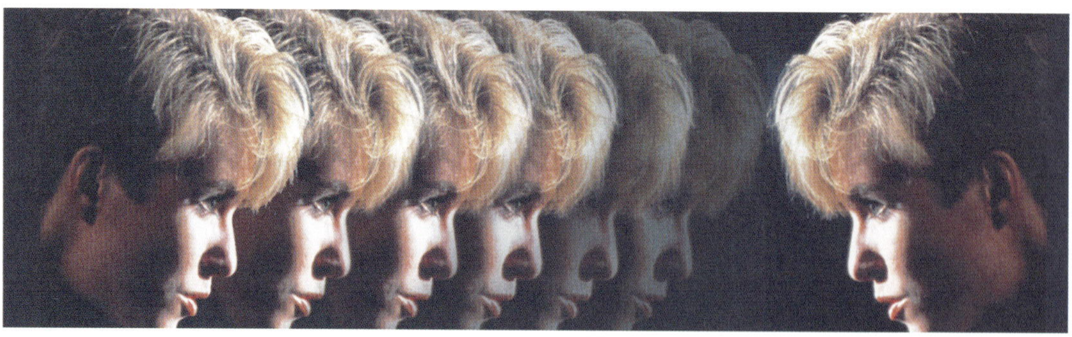

Ein Tipp

Wenn ihr noch mehr über Harry und Lisa wissen wollt, dann lest das Buch „Harry Stottlemeiers Entdeckung" von Matthew Lipman, das 1990 in Wien erschienen ist.

Ein „Dintenbild“, entstanden aus einem Tintenklecks

Gespenster in der Dunkelheit?

Q Die Ideen von Kobolden und Gespenstern haben an sich mit der Dunkelheit nicht mehr zu tun als mit dem Licht. Wenn aber ein einfältiges Kindermädchen diese Ideen oft dem Geist eines Kindes einprägt und sie dort immer wieder zusammen anregt, so wird das Kind sie vielleicht, solange es lebt, nie wieder voneinander trennen können. Immer werden sich mit der Dunkelheit auch jene schrecklichen Ideen bei ihm einstellen. Beide Ideen werden dergestalt miteinander verknüpft sein, dass es die eine ebenso wenig ertragen kann wie die andere.

(John Locke, englischer Philosoph)

A *Erkläre mit deinen Worten, warum in der Dunkelheit die Gedanken an Gespenster und Kobolde wiederkehren.*
Beschreibe ähnliche Situationen.
Können Gedanken uns beherrschen? Was denkst du?

P Legt ein Denktagebuch an. Schreibt eine Woche lang die Gedanken auf, die euch durch den Kopf gehen. Ein Tipp: Schreibt jeden Tag zur gleichen Zeit in euer Buch, das kann auch mehrmals am Tag sein.
Prüft nach einer Woche, welche Gedanken ihr aufgeschrieben habt. Was fällt euch dabei auf? Sprecht darüber in der Klasse.

Nichts und niemand – alles und jeder

König und Läufer

Q „Wem bist du auf dem Weg begegnet?“ sagte der König. „Niemand“, sagte der Läufer. „Ganz recht“, sagte der König; „die junge Dame hat ihn auch beobachtet. Das heißt also, niemand läuft langsamer als du.“ „Ich tue, was ich kann“, sagte der Läufer mürrisch. „Aber so viel weiß ich, dass niemand viel schneller läuft als ich.“ „Das wohl kaum“, sagte der König, „sonst hätte er ja vor dir hier sein müssen. Aber nachdem du jetzt verschnauft hast, darfst du uns melden, was sich in der Stadt zugetragen hat.“

(Lewis Carroll)

A *Was stimmt hier nicht? Erkläre es. Prüfe folgende Sätze:*

1. *Niemand läuft schneller als Grit Breuer.*
2. *Theresa läuft schneller als Grit Breuer.*

Worin liegt der Unterschied der beiden Sätze? Durchdenke noch einmal das Gespräch zwischen König und Läufer. Was fällt dir auf? Begründe deine Überlegungen.

Niemand? Keiner? Kein Mensch?

Ersetze in der Aussage des Läufers „Aber so viel weiß ich, dass niemand viel schneller läuft als ich“ niemand durch einen Ausdruck aus der folgenden Liste:

- kein Mensch
- keiner
- es gibt keinen, der
- es gibt keinen Menschen, der

A *Bei welchem Ausdruck wird deiner Meinung nach am deutlichsten, wie der Läufer die Aussage des Königs „Das heißt also, niemand läuft langsamer als du“ verstanden hat? Diskutiert darüber in der Klasse.*

A *Angenommen, ein Läufer, nennen wir ihn Achilles, wäre nicht der Schnellste. Was würde das bedeuten? Gäbe es dann lediglich jemanden, der schneller wäre als Achilles? Oder hieße das, dass alle schneller wären? Sucht nach Gründen und Gegengründen für beide Möglichkeiten.*

D Einen Satz verstehen heißt nicht nur, seine Wörter zu verstehen, sondern auch seine logische Form zu verstehen.
Unter der logischen Form eines Satzes versteht man die Struktur des Satzes, wie sie durch seine logischen Ausdrücke („nicht“, „und“, „oder“, „wenn, dann“) bestimmt ist.

Über Sätze nachdenken

Aristoteles ist der erste Philosoph, der über Sätze dieser Art und ihre Beziehungen zueinander nachgedacht hat. Vier grundlegende Formen solcher Sätze sind in folgendem Quadrat der Gegensätze dargestellt.

Alle M sind S **A**

(Alle Menschen sind schneller als Achilles.)

E Kein M ist S

(Kein Mensch ist schneller als Achilles.)

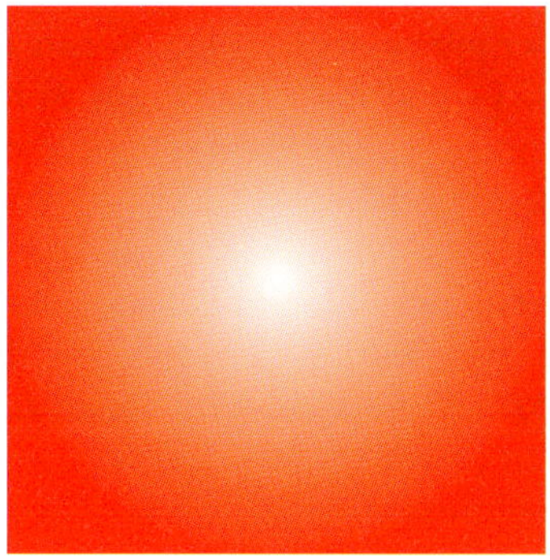

Einige M sind S **I**

(Einige Menschen sind schneller als Achilles.)

O Einige M sind nicht S

(Einige Menschen sind nicht schneller als

Im Quadrat der Gegensätze geht es um Satzformen, das heißt, die Buchstaben M und S können durch verschiedene Ausdrücke ersetzt werden. „Alle Menschen sind sterblich" ist eines der bekanntesten Beispiele für die Satzform „Alle M sind S".

A *Finde jeweils mehrere Beispiele für jede der vier Satzformen und schreibe sie in dein Heft.*

Zwischen den Satzformen dieses Quadrats bestehen Beziehungen, z. B.: Wenn es nicht so ist, dass einige Menschen schneller sind als Achilles, dann heißt das, dass kein Mensch schneller ist als Achilles. Das bedeutet: Wenn wir den Satz der Form I verneinen, erhalten wir die Aussage der Form E.

A *Erläutere weitere Beziehungen zwischen diesen vier Formen.*
Es gibt unterschiedliche Arten von Beziehungen. Erkläre und verdeutliche dies an Beispielen.
Was folgt aus dem Satz: Alle Katzen sind Tiere? Finde weitere Beispiele dieser Art.

Das Quadrat der Gegensätze

Das Quadrat nennt man auch Quadrat der Gegensätze. Mit ihm werden Sätze der Form „Alle M sind S" oder „Einige M sind S" miteinander verglichen und gegenübergestellt. Unterschiedliche Formen von Gegensätzen sind allgemein von Bedeutung. Eine Zahl z. B. ist gerade oder ungerade, dagegen kann eine Blume rot oder gelb sein oder eine ganz andere Farbe haben.

A *Erkläre den Unterschied dieser beiden Arten von Gegensätzen.*

Argumente logisch durchschauen

Toni hat gleich dreimal verschlafen

Q Toni führt ein Tagebuch, in dem er alles aufschreibt, was ihm passiert. Diese Woche war er gleich dreimal zu spät zur Schule gekommen. Am Wochenende hatte er mit seiner Mutter seine Großeltern besucht. Es war ein sehr langes Wochenende und Sonntag Abend waren sie erst sehr spät nach Hause gekommen. Am Montag Morgen verschlief er dann und das, obwohl ihm seine Mutter, die morgens sehr früh das Haus verlässt, wie immer seinen Wecker gestellt hatte. Am Dienstag konnte er seine Hose absolut nicht finden, er durchsuchte den ganzen Kleiderschrank, vergeblich. Er wartete, bis seine Mutter an ihrem Arbeitsplatz angekommen war, und rief sie an. Sie erklärte ihm schließlich, dass er seine Hose in einem Berg Wäsche in ihrem Zimmer suchen sollte. Das tat er dann auch und fand dort seine Jeans inmitten der Kleider seiner Mutter. Aber als er dann endlich angezogen war, kam er abermals zu spät zur Schule. Das war am Dienstag. Am Mittwoch kam er wieder zu spät, weil er Feuerwehrleute beobachtete, die einen kleinen Jungen aus einem Haus retteten. Es war ungewöhnlich für Toni, zu spät zu kommen, besonders natürlich gleich dreimal in einer Woche. Seine Mutter ermahnte ihn ständig: „Wenn du verschläfst, dann wirst du zu spät zur Schule kommen.“ Was am Montag geschehen war, zeigte, dass sie Recht hatte, denn am Montag hatte er verschlafen, und er war zu spät gekommen. Aber was war mit Dienstag? Am Dienstag und Mittwoch hatte er nicht verschlafen, und trotzdem war er an beiden Tagen zu spät gekommen.

(Nach Matthew Lipman)

A *Wenn man weiß, dass Toni zu spät gekommen ist, kann man dann sagen, dass er verschlafen hat? Erkläre, worum es bei dieser Frage geht.*
Angenommen, Toni kam am Donnerstag rechtzeitig zur Schule, bedeutet das, er kann nicht verschlafen haben?

Richtig argumentiert?

Wenn Toni nicht verschlafen hat, dann kommt er rechtzeitig zur Schule.

Toni kam am Donnerstag rechtzeitig zur Schule.

Daher hat Toni am Donnerstag nicht verschlafen.

A *Wurde hier richtig argumentiert? Warum? Warum nicht?*

Ein einfaches Verfahren zur Aufdeckung einer falschen Argumentation

Um zu zeigen, dass eine Person nicht richtig argumentiert hat, gibt es ein einfaches Verfahren. Wir suchen nach einem anderen Argument, welches dasselbe Muster hat und ganz offensichtlich von richtigen Annahmen (wir nennen diese auch Prämissen) zu einer falschen Schlussfolgerung (Konklusion) führt.

Wenn … , dann …

Betrachten wir den Fall eines Hundes mit dem Namen Struppi.

Wenn Struppi eine Katze wäre, *dann* hätte er vier Beine und einen Schwanz.

Struppi hat vier Beine und einen Schwanz.

Daher ist Struppi eine Katze.

Die Schlussfolgerung ist ganz offensichtlich falsch, auch wenn die Annahmen beide richtig sind. Somit kann ein Argument des Musters

Wenn p , *dann* q
q

(Daher) p nicht gültig sein.

Durch ein einfaches Gegenbeispiel wurde aufgedeckt, dass eine Person nicht richtig argumentiert hat.

A *Sucht nach weiteren Beispielen, bei denen nicht richtig argumentiert wurde.*

Ein Argument kann auch aus anderen Gründen abgelehnt werden. Oft teilen wir bereits eine Annahme (Prämisse) nicht. Wir weisen dann das angeführte Argument schon aus diesem Grund zurück.

A *Betrachtet dazu noch einmal die Prämissen des Arguments im Toni-Beispiel oder die Prämissen der Beispiel-Argumente, die ihr selbst gefunden habt.*

Können Computer denken?

Der Erfinder des ersten Computers der Welt, Konrad Zuse, mit dem Nachbau des Originals, das noch einen ganzen Saal füllte und mehrere Tonnen wog.

Der Rechner

Stellen wir uns einen Menschen vor, der auf ganz einfache Weise rechnet. Er sitzt an einem Tisch vor einem Blatt kariertem Papier und hat einen Stift in der Hand. Für jede einfache Zahl, zum Beispiel 5, macht er einen Strich in entsprechend vielen Kästchen. So kann er jede einfache Zahl auf dem Blatt notieren. Sagt man diesem einfachen Rechner, er solle fünf plus vier berechnen, so geht er folgendermaßen vor. Er notiert auf ebensolche Weise zunächst die Fünf und dann die Vier, kehrt zum Anfang zurück, zählt die gemachten Striche und gibt als Antwort 9. Auf diese Weise können im Prinzip nicht nur derartig einfache, sondern beliebig komplizierte Aufgaben berechnet werden. Wie lässt sich das Verhalten des Menschen beschreiben, der so rechnet? Im Wesentlichen geht er strikt nach einfachen Regeln vor und notiert alle Zwischenergebnisse. Sein Geisteszustand ist zu jeder Zeit auf dem Papier abzulesen. Ein Computer ist nichts anderes als ein solcher Rechner.

A *Rechnet auch ihr so wie dieser Rechner? Diskutiert im Mathematikunterricht darüber.*
Was meint ihr? Können Computer denken? Vergleicht dazu das Begriffsnetz auf Seite 167.

13 Jahre, bevor der erste Computer gebaut wurde, beschrieb Alan Turing 1936 eine zählende Rechenmaschine. Sie wurde nach ihm benannt. Computer, die wir kennen, sind nach dem Muster der Turing-Maschine gebaut.

A *Fragt eure Informatik- oder Physiklehrerin nach der Turing-Maschine.*
Sucht im Internet unter http://www. inet-nb.de/Comics/turing.html nach weiteren Informationen zur Turing-Maschine.
Hat die Schwierigkeit, sich ein Wesen vorzustellen, das denkt, ohne jemals zu merken, dass es denkt, etwas mit der Frage zu tun, ob Computer denken können? Führt darüber ein Streitgespräch.

Rechenautomat, 1623 von Wilhelm Schickard entworfen. Er war für die astronomischen Berechnungen Keplers gedacht, jedoch bereits 1624 bei einem Brand vernichtet worden.

Das chinesische Zimmer

Q Nehmen wir an, ich bin in einem Raum eingeschlossen und man gibt mir einen Packen mit chinesischer Schrift. Nehmen wir weiter an, dass ich (was tatsächlich der Fall ist) kein Chinesisch kann, es weder schreiben noch sprechen kann. Nehmen wir weiterhin an, man gibt mir einen zweiten Packen zusammen mit einer Reihe von Anleitungen auf Deutsch, die mir sagen, wie ich den ersten Packen mit dem zweiten verbinden soll. Die verschiedenen Formen des zweiten Packens sollen erkannt werden und für jede Form bestimmte Zeichen des ersten Packens in festgelegter Weise miteinander verbunden werden. Was ich nicht weiß, ist, dass die Leute, die mir diese Zeichen und Anweisungen geben, den ersten Packen „Schrift", den zweiten Packen „Fragen" und den von mir angefertigten Packen „Antworten" nennen. Angenommen, nach einiger Zeit habe ich sehr gut gelernt, mit diesen Zeichen und Anleitungen umzugehen. Verstehe ich die Antworten, die ich auf Chinesisch gebe?

(Jean Searle, amerikanischer Mathematiker und Philosoph)

Der Stein von Rosette mit drei gleichen Texten in Altäpgyptisch, Demotisch und Griechisch. 1822 gelang es dem Franzosen Champollion, die ägyptischen Hieroglyphen durch einen Vergleich mit den beiden anderen Texten zu entziffern.

A *Die Anleitungen, welche die Person im chinesischen Zimmer bekommen hat, können auch als ein Programm betrachtet werden. Würde ein Computer mit einem solchen Programm Chinesisch verstehen? Begründe deine Auffassung.*

Nachdenkaufgabe

A *Lassen sich Antworten, die mit diesem Computer ins Chinesische übersetzt werden, von Antworten eines Chinesen unterscheiden? Warum? Warum nicht?*

Philosophische Rätsel

Bei philosophischen Rätseln geht es darum, eine schwierige Frage als solche überhaupt erst einmal zu erkennen. Wer sofort eine einfache Antwort parat hat, ohne irgendwelche Einwände dagegen zu sehen, hat das Problem meist noch nicht verstanden. Wer sich aber in die Rätsel hineindenkt, steigt schnell ein in schwierige philosophische Probleme und beginnt weiterzudenken.

Der Weihnachtsmann und sein Schlitten

Q Sarah (neun Jahre) hat gerade entdeckt, dass der Weihnachtsmann nicht existiert, und versucht, Thomas (zwei Jahre jünger) von dieser beunruhigenden Wahrheit zu überzeugen. „Wieso gibt es ihn nicht?" protestiert der Junge. „Und wer kommt dann mit dem Schlitten?" „Keiner", antwortet die Schwester unversöhnlich, „es gibt auch keinen Schlitten." „Und woher weißt du das?" „Ich weiß es eben: Diese Dinge weiß man." „Das ist nicht wahr, ich schreibe ihm jetzt einen Brief." „Du kannst ihm gar keinen Brief schreiben, weil er nicht existiert."

(Ermano Bencivenga, italienischer Philosoph)

A *Was würdest du Thomas raten?*

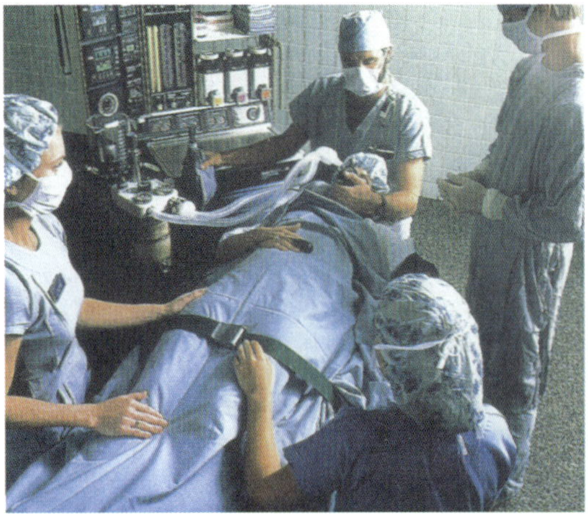

Vater und Sohn

Q Vater und Sohn verunglücken gemeinsam mit dem Auto. Der Vater stirbt auf dem Weg ins Krankenhaus. Der schwerverletzte Sohn muss sofort operiert werden. Die diensthabenden Chirurgen warten bereits im Notfall-Operationssaal. Als sie sich über den Jungen beugen, sagt jemand vom Chirurgenteam: „Ich kann nicht operieren – dies ist mein Sohn."

(Douglas Hofstadter, amerikanischer Mathematiker)

A *Was ist die Lösung dieses schrecklichen Rätsels?*
Kann man diese Geschichte überhaupt als philosophisches Rätsel bezeichnen? Warum? Warum nicht?

Achilles und die Schildkröte

Angenommen, Achilles läuft zehnmal so schnell wie eine Schildkröte. In einem Wettlauf mit dieser gibt er ihr hundert Meter Vorsprung. Will Achilles den Wettlauf gewinnen, muss er zunächst einen anfänglichen Rückstand von hundert Metern aufholen. Doch bis er das getan hat und den Punkt erreicht, von dem aus die Schildkröte gestartet ist, hatte diese Zeit, zehn Meter Vorsprung zu gewinnen. Während Achilles diese zehn Meter läuft, kommt die Schildkröte einen Meter vorwärts; bis Achilles diesen Meter gelaufen ist, ist die Schildkröte ein zehntel Meter voraus und so weiter – ohne Ende. Achilles holt die Schildkröte nie ein, weil die Schildkröte immer einen Vorsprung behält, wie klein er auch sein mag.

A *Was denkst du? Holt Achilles die Schildkröte nie ein? Begründe deine Meinung.*

Dorf der Wahrheitssager und Lügnersiedlung

Q Von einer Weggabelung führen zwei Wege zu Nachbardörfern. Das eine ist das Dorf der Wahrheitssager, die niemals lügen. Nennen wir es „W-Dorf". Im anderen Dorf dagegen lügen die Bewohner unentwegt. Diese Lügnersiedlung wollen wir „F-Dorf" nennen, weil wir dort ständig angelogen werden, ganz gleich, was wir auch fragen.

Nun will es das Schicksal, dass wir an der Weggabelung stehen und nach „W-Dorf" wollen. Ein Wegweiser ist nicht da. Aber wir treffen einen Einheimischen. Natürlich wissen wir nicht, ob es sich um einen Aufrichtigen aus „W-Dorf" oder einen Lügner aus „F-Dorf" handelt.

(Walter Furchs)

A *Wie erfahrt ihr den richtigen Weg nach „W-Dorf", wenn ihr nur eine einzige Frage an den Einheimischen richten dürft?*

P Sammelt weitere philosophische Rätsel oder denkt euch selbst welche aus. Gestaltet dazu eine Seite im Internet.

A *Enthält der folgende Kasten einen wahren oder falschen Satz? Diskutiert darüber in eurer Klasse.*

Der Satz in dem Kasten auf Seite 183 in dem Buch „Philosophieren Klassen 7/8" ist falsch.

Literaturnachweis

S. 9 Mervi Esser: Wenn ich träume ... In: Rainer Horbelt (Hg.): Mut zum Träumen, Eichhorn Verlag, Frankfurt a. M. 1987

S. 10 Susanne Kilian: Auf einem Turm stehen. In: Jahrbuch der Kinderliteratur, Bd. 4, Der fliegende Robert, Verlag Beltz & Gelberg, Weinheim 1990

S. 11 Sophie Brandes: Meine Stadt. In: Der fliegende Robert, a. a. O.

S. 12 Schmetterlingstraum. In: Tschuang-tse: Dichtung und Weisheit. Übers. v. Hans Otto Heinrich Stange, Insel-Bücherei Nr. 499, Wiesbaden 1957, S. 15

S. 13 Samuel Taylor Coleridge: Was wäre, wenn ... In: Hans-Ludwig Freese, Abenteuer im Kopf, Beltz Quadriga, S. 75

S. 14f. Elke Heidenreich: Wenn ich ein König wär ... In: Angelika Kutsch (Hg.): Schön und reich und dann auch noch klug. Wunschträume 1950-1985, Dressler-Verlag, Hamburg 1985

S. 16 Susanne Kilian: Erinnerung an einen Apfelbaum. In: Der fliegende Robert, a. a. O.

S. 18 Bertolt Brecht: Märchen. In: Gesammelte Werke, Suhrkamp Verlag, Frankfurt a. M. 1965

S. 19 Christa Wolf: Der Störfall. Nachrichten eines Tages, Hermann Luchterhand Verlag, Darmstadt/Neuwied 1987, S. 105 f.

S. 19 Niemals sieht jemals irgend etwas. In: Freese: Gedankenreisen, rororo-Sachbuch, Hamburg 1990, S. 56 f.

S. 20 Hans-Ludwig Freese: Gedankenreisen. Philosophische Texte für Jugendliche und Neugierige, Rowohlt Taschenbuchverlag GmbH, Reinbeck 1996, S. 131

S. 21 Hans-Ludwig Freese: Abenteuer im Kopf. Philosophische Gedankenexperimente, Quadriga Verlag, Weinheim/Berlin 1996, S. 81

S. 22 Stefanie: Ist ein eigenes Gesicht Luxus. In: Die Zaubertruhe, Bd. XVII, Der Kinderbuchverlag, Berlin, S. 171

S. 23 Christine Nöstlinger: Das Austauschkind, Beltz Verlag, Weinheim 1995, S. 31 f.

S. 24 Konstantin Kolenda: Ethik für die Jugend, Hamburg 1988, S. 18

S. 25 Ernst Jandl: My own song. In: Selbstportrait des Schachspielers als trinkende Uhr; Luchterhand, Darmstadt/Neuwied 1983, S. 5

S. 26 Sylvia Plath: Ich bin ich. In: Aurelia Schober-Plath (Hg.): Briefe nach Hause, Hanser Verlag, Wien/München 1979

S. 27 Martin Buber: Das vergebliche Suchen. In: Die Erzählungen der Chassidim, Manesse Verlag, Zürich 1949, S. 135

S. 29 Das Geheimnis Deiner Träume. In: BRAVO-GIRL 11/1998, S. 76

S. 34 Hana Greenfield: Von Kolin nach Jerusalem, Konkret Literatur Verlag, Hamburg 1999, S. 17 f.

S. 39 Ein Glockenturm als Werbefläche. In: Die Welt v. 12.5.1999

S. 40 Wenn Kinder gehn. In: Reiner Lehberger/ Ursula Brandt (Hg.): Aus Kindern werden Briefe, Behörde für Schule, Jugend und Berufsbildung, Hamburg 1999, S. 58

S. 41 Ohne Erinnerung gibt es keine Zukunft. In: Das Parlament v. 29.3.1998

S. 44 Marvin Harris: Wie wir wurden, was wir sind, Stuttgart 1992

S. 45 Hanna Frielinghaus: Heuss. In: W. Ulrich, Linguistik für den Deutschunterricht, Aachen 1995

S. 46 Franz von Kutschera: Sprachphilosophie, Walter Fink Verlag, München 1993 (2. Aufl.), S. 311-315

S. 47 Günther Anders: Der Löwe. In: W. Ulrich, Linguistik für den Deutschunterricht, a. a. O.

S. 48 Peter Handke: Stücke 1, Suhrkamp, Frankfurt a. M. 1972

S. 48 Ludwig Wittgenstein: Philosophische Untersuchungen, In: Schriften in acht Bdn., Suhrkamp Verlag, Frankfurt a. M. 1995, S. 383

S. 49 Jonathan Swift: Gullivers Reisen, Insel-Verlag, Frankfurt a. M. 1981

S. 50 f. Anselm von Feuerbach: Kaspar Hauser, Zentralantiquariat der DDR, Leipzig 1987, 3. Reprint der Originalausgabe von 1832, S. 2, S. 24, S. 26, S. 6 f., S. 41-44

S. 52 Nach Helen Keller: Meine Welt, Sammlung Luchterhand im dtv, München 1994

S. 53 Birger Sellin: ich will kein inmich mehr sein, Kiepenheuer & Witsch, Köln 1998 (5. Auflage), S. 29, 40, 42, 46, 77 f., 82, 101, 125

S. 54 Brüder Grimm: Die schönsten Märchen, Gondrom-Verlag, Bindlach 1991

S. 55 In: Märchen auf einen Blick, Der Kinderbuchverlag, Berlin 1989, S. 6

S. 56 In: Geo-Wissen, Die Evolution des Menschen, 1998

S. 58 Senta Trömel-Plötz: Die beste Frau ist die, die nicht spricht, Fischer Verlag, Frankfurt a. M. 1982

S. 62 Platon: Der Staat, Reclam, Stuttgart 1982, S. 124

S. 63 Nach Siegfried Fischer-Fabian: Die Macht des Gewissens, Droemer und Knaur, München 1987

S. 65 Vgl. Immanuel Kant: „Metaphysik der Sitten“, Reclam Verlag, Stuttgart 1990, S. 277 f.

S. 65 Vgl. Arthur Schopenhauer: Über die Grundlage der Moral, Diogenes Verlag, Zürich 1977, S. 209 ff.

S. 66 Vgl. O. Henry: Die Stimme der Stadt, Reclam, Leipzig 1986, S. 135 ff.

S. 67 Vgl. Immanuel Kant: Metaphysik der Sitten, Reclam Verlag, Stuttgart 1990, S. 323 ff.
S. 67 Vgl. Uwe Schultz: Kant, rororo-Bildmonographien, Rowohlts Taschenbuchverlag, Reinbek bei Hamburg 1965, S. 30
S. 69 Kommandant in Auschwitz. Autobiographische Aufzeichnungen des Rudolf Höß. Hg. v. M. Broszat, München 1963, S. 124
S. 70 In: Pastorale Dienststelle des Erzbistums HH, Auf dem Weg ins Heilige Jahr 2000
S. 70 In: Hennersprenger/Hüttner: Gemeinschaft feiern, Limburg 1994, S. 124 f.
S. 72 Vgl. Der Spiegel, Nr. 5/1999, S. 68
S. 73 In: Elde-Express, Nr. 8, 9. Jahrgang, 25.2.1999
S. 73 Reutlinger Generalanzeiger v. 31.1.1996
S. 73 In: Siegfried Fischer-Fabian: Die Macht des Gewissens, Droemer und Knaur, München 1987, S. 21
S. 75 Bertolt Brecht. In: Neue Berliner und Frankfurter Ausgabe, Bd. 14. Gedichte Bd. 4, S. 385
S. 82 In: L.-A. Freese: Abenteuer im Kopf, a. a. O., S. 265, 266, 268
S. 83 Fabel aus: Wittschier. Und die Moral ..., S. 33
S. 85 Maya: Gedanken. In: Hans Martin Große-Oetringhaus: Kinder haben Rechte – überall. Ein Aktions- und Informationsbuch, Berlin 1993, S. 13
S. 90 In: Christoph Kunz: Fertig ausgearbeitete Unterrichtsbausteine für das Fach Ethik/Werte und Normen/Philosophie, Fachverlag für Behörden und Institutionen, Kissing 1996
S. 91 Wolfgang Baumann. In: Du gegen mich, Alibaba Verlag, Frankfurt a. M. 1997
S. 93 Uschi: Sie beginnt sich zu fürchten. In: Du gegen mich, Alibaba Verlag, Frankfurt a. M. 1997
S. 94 Nassera Cohra: Ich wollte nicht mehr schwarz sein, dtv, München 1996
S. 95 Allgemeine Lehrerzeitung v. 10.10.1998
S. 96 Die Welt v. 14.11.1997
S. 100 Ann Ladiger: Hau ab du Flasche! Rororo, Reinbek bei Hamburg 1987
S. 101 Tatort Klassenzimmer: Texte gegen Gewalt in der Schule, Würzburg 1995
S. 102 Julia Hoffmann. In: Du gegen mich, Geschichten über Gewalt, Frankfurt a. M. 1997
S. 107 Elisabeth Badinter: Ich bin Du, dtv, München 1994
S. 107 In: Psychologie heute, 25. Jahrgang, Heft 11
S. 108 Ebenda
S. 109 Focus v. 28.9.1998
S. 112 Christian Keysser: Lehret alle Völker, Freimund Verlag, Neuendettelsau 1960, S. 9 ff.
S. 112 Herbert Grönemeyer: Bleibt alles anders, 1998
S. 113 Heiner Müller: Russische Eröffnung. In: Wolokolamsker Chaussee, Frankfurt a. M. 1990, Ausgabe mit MC, gelesen v. Heiner Müller
S. 114 Benjamin. Erst muss etwas Schlimmes passieren. In: 12. Shell Jugendstudie. Acht Jugendporträts, Leske & Budrich, Opladen 1997
S. 115 Fables of Aesop. A new translation. By S. A. Handford, London 1954, Freie Übers. K. Calvert
S. 117 Jens Paarmann: Wie ein junger Fuchs der Dunkelheit begegnete, Hamburg 1999
S. 119 Http://www.erzwiss.uni-hamburg.de/hiphop/html/beziehung_angst_träume.html
S. 120 Siehe: Http: //www. homevideos.com
S. 121 Fernando Savater: Tu was du willst. Ethik für die Erwachsenen von Morgen, New York 1993, S. 58
S. 122 Nic Stang: Edvard Much, Dresden 1981
S. 125 Wilhelm Busch: Nicht artig. In: Ulrich Wickert: Das Buch der Tugenden, Hoffmann und Campe Verlag, Hamburg 1995, S. 45
S. 126 Christoph Martin Wieland: Gut und böse. In: Gedankenreisen. Philosophische Texte für Jugendliche und Neugierige. Hg. v. H.-L. Freese, Rowohlt Taschenbuch Verlag GmbH, Reinbeck 1990, S. 169 f.
S. 126 Vgl. Immanuel Kant: Anthropologie in pragmatischer Absicht, 2. Teil, E. In: ders., Werke in zehn Bänden. Hg. v. W. Weischedel, Bd. 10, Wissenschaftliche Buchgesellschaft, Darmstadt 1964, S. 677 f.
S. 128 Ronald Mawson: Das Lazaruskind, C. Bertelsmann Verlag GmbH, München 1998, S. 8 f.
S. 129 Robert Spaemann: Moralische Grundbegriffe, Beck, München 1994, S. 86 f.
S. 130 W. Hohlbein: Der Inquisitor, Bastei-Verlag Gustav H. Lübbe GmbH & Co., Bergisch Gladbach 1995, S. 376 f.
S. 130 Ovid: Metamorphosen. Hg. v. M. v. Albrecht, Philipp Reclam jun. GmbH & Co., Stuttgart 1994, S. 115 ff.
S. 131 Sokrates. In: M. Wittschier: Abenteuer Philosophie, Piper Verlag GmbH, München 1996,
S. 131 Annemarie Pieper: Gut und böse, Beck, München 1997, S. 11
S. 133 Unsere gemeinsame Zukunft. Bericht der Weltkommission für Umwelt und Entwicklung, Staatsverlag, Berlin 1990, S. 19
S. 133 K. M. Meyer-Abich: Frieden mit der Natur. In: Verantwortung. Arbeitstexte für den Unterricht, Philipp Reclam jun. GmbH & Co., Stuttgart 1996, S. 140 f.
S. 136 Aldous Huxley: Schöne neue Welt, Verlag Das neue Berlin, Berlin 1978, S. 122
S. 137 Ernst Bloch: Das Prinzip Hoffnung, Heidelberg 1979, S. 422
S. 138 Platon: Der Staat, Reclam, Stuttgart 1978, S. 253
S. 139 John Locke: Zwei Abhandlungen über die Regierung, Suhrkamp, Frankfurt 1995
S. 140 Elisabeth Badinter: Ich bin Du, dtv, München 1994, S. 230

S. 141 Hillary Clinton: Eine Welt für Kinder, Hoffmann und Campe, Hamburg 1996, S. 15
S. 142 Harvest – Pink Floyd Music Publishers Ltd. 1979 (Plattencover)
S. 143 Campanella und Cabet. In: Joachim Walther (Hg.): Der Traum aller Träume, Verlag Neues Leben, Berlin 1987, S. 147, S. 270, S. 276 f.
S. 144 Statements von Jugendlichen. In: Morgenpost v. 30. 10. 1998
S. 144 Acht Jugendporträts – Ergänzungsband zur 12. Shell Jugendstudie, Leske & Budrich, Opladen 1997, S. 53
S. 145 Skript von Lore-Maria Peschel Gutzeit
S. 146 Catherine Clément: Theos Reise. Roman über die Religionen der Welt, Wien 1998
S. 147 Joan Osborne, siehe auch Http://www.tpk.at/rpi/page49.htm
S. 147 In: Zeitschrift Max, Dezember 1998. Doppelseitige Anzeige der Zeitschrift „Die Bunte“ zum Stichwort „Gott“
S. 149 In: Texte zur Philosophie 1. Hesiod. Theogonie. Vers 116-126. Hg., übersetzt u. erläutert v. Karl Albert, 3. durchges. Aufl., Sankt Augustin 1985
S. 149 Bhagavadgita, das Lied der Gottheit. Elfter Gesang, Zeile 15 ff. Aus dem Sanskrit übersetzt v. Robert Boxberger. Neu bearbeitet u. hg. v. Helmuth von Glasenapp, Stuttgart 1955
S. 151 John M. Hull: Wie Kinder über Gott reden. Übers. aus dem Engl. v. S. Denzel und S. Naumann. Gütersloh 1997
S. 153 Zitiert nach Pinchas Lapide: Glauben, wissen oder zweifeln? Gütersloh 1988
S. 154 Bertolt Brecht: Kalendergeschichten. Geschichten vom Herrn Keuner, Hamburg 1994
S. 154 Nach Gerd Theißen: Argumente für einen kritischen Glauben. Was hält der Religionskritik stand?, München 1978
S. 155 Sigmund Freud: Das Unbehagen in der Kultur, Frankfurt a. M. 1994
S. 157 Religionskritik. Hg. v. Norbert Hoerster, Stuttgart 1984
S. 160 f. Alice Sturiale: Das Tagebuch der Alice. In: Vom Glücklichsein, Ratingen, O- und P-Verlag 1997, S. 87, 226, 189 ff.
S. 163 Kurd Laßwitz: Prinzessin Jaja (gekürzt). In: Traumkristalle, Verlag das Neue Berlin, Berlin 1982, S. 291 ff.
S. 165 Tschuang-tse: Schmetterlingstraum. In: H. O. H. Stempe (Hg.): Dichtung und Weisheit, Insel Verlag, Leipzig o. J.
S. 166 Ronald Reed: Kinder möchten mit uns sprechen, Verlag für Kinder und Eltern, Hamburg 1990, S. 35 f.
S. 167 Erich Fried: Warngedichte, Fischer, Frankfurt a. M. 1980, S. 134
S. 168 Erich Kästner: Fragen und Antworten. In: ... was nicht in euren Lesebüchern steht. Hg. v. Wilhelm Rausch, Fischer Verlag, Frankfurt a. M. 1968, S. 25 f.
S. 170 Robert Nozick: Anarchie Staat Utopia, mvg Moderne Verlags GmbH, München 1979, S. 52 ff.
S. 171 André Heller: Die wahren Abenteuer sind im Kopf. In: Die Sprache der Salamander. Lieder 1971 bis 1981, Hoffmann und Campe Verlag, Hamburg 1981
S. 172 Lewis Carroll: Alice hinter den Spiegeln. Übersetzt von Christian Enzensberger, Insel Verlag, Baden Baden 1996 (1963), S. 99
S. 173 Gisela Holdau-Willems: Hinter Glas. Gehörlos – Mit der Behinderung leben, Verlag Ernst Kaufmann, Lahr 1996, S. 25
S. 174 Matthew Lipman/Martin Glatzel: Harry Stottlemeiers Entdeckung. Übers. v. John Alexander und Martin Glatzel, Hannover 1983, S. 20
S. 174 Ludwig Wittgenstein: Philosophische Untersuchungen. In: Schriften in acht Bänden, Suhrkamp Verlag, Frankfurt a. M. 1995
S. 175 John Locke: Versuch über den menschlichen Verstand, Bd. 1 (Buch II). Übers. v. C. Winkler, Felix Meiner Verlag, 4. durchges. Aufl., Hamburg 1981, S. 502
S. 176 Lewis Carroll: Alice hinter den Spiegeln. Übersetzt von Christian Enzensberger, Insel Verlag, Baden Baden 1996 (1963), S. 27 f.
S. 178 Matthew Lipman/Martin Glatzel: Harry Stottlemeiers Entdeckung, Verlag Hölder/Pichler, Wien 1990
S. 181 Jean R. Searle: Das chinesische Zimmer. Idee frei nach: Geist, Hirn und Wissenschaft, Suhrkamp Verlag, Frankfurt a. M. 1986
S. 182 Ermanno Bencivenga: Spiele mit der Philosophie: ein philosophisches Praktikum. Übers. von Hans-Ludwig Freese, Berlin 1992, S. 156
S. 182 Douglas R. Hofstadter: Vater und Sohn. In: Metamagicum, Klett-Cotta, Stuttgart 1991, S. 145
S. 183 Vgl. Jay F. Rosenberg: Achilles und die Schildkröte. In: Philosophieren. Ein Handbuch für Anfänger, Vittorio Klostermann, Frankfurt a. M 1993, S. 164, 167
S. 183 Walter Furchs: Exakte Geheimnisse – Knaurs Buch der modernen Mathematik, Droemersche Verlagsanstalt Th. Knaur, München/Zürich 1966, S. 22

Glossar

Äsop
war sowohl der Held einer volkstümlichen griechischen Erzählung (6. Jh. v. Chr.) als auch ein Sklave, der Fabeln erzählte und sich mit Mutterwitz gegenüber Gelehrten und Mächtigen behauptete. Eine Fabelsammlung, die zwischen dem 1. und 5. Jh. n. Chr. entstand, erhielt seinen Namen und ist die Vorlage vieler Fabeln La Fontaines, Lessings u. a.

Crocodile Dundee
ist ein australisch-amerikanischer Kinofilm.

Angst
ist ein beklemmendes Gefühl des Bedrohtseins, ein unlustbetontes Gefühl oder ein seelischer Zustand, der von der Vorstellung künftiger Übel verursacht wird. Sie kann sich in Körperreaktionen (z. B. Herzklopfen, Zittern usw.) ausdrücken und bezieht sich im Unterschied zur Furcht in der Regel nicht auf eine genau bestimmbare Ursache.

Argument
heißt Rechtfertigungs- oder Beweisgrund. Man versteht darunter in der Logik die Begründung für eine Aussage.

Argumentationsmuster
bezeichnet die einem Argument typische Struktur der Begründung.

Argumentieren
meint, schrittweise eine für alle nachvollziehbare Begründung für die eigene Meinung anzugeben.

Aristoteles (384–322)
war einer der bedeutendsten griechischen Philosophen, der die gesamte philosophische Tradition bis zur Gegenwart beeinflusst hat. Besondere Verdienste erwarb er sich auf dem Gebiet der Logik, der Ethik und der politischen Philosophie. Er gilt als Begründer logischer Schluss- und Argumentationsverfahren, die widerspruchsfreies Denken ermöglichen. Im Bereich der Ethik verfasste er die erste systematische Schrift mit dem Titel „Die Nikomachische Ethik“. Dort widmete er sich vor allem Problemen der Freundschaft, der Glückseligkeit und Kriterien für ein gutes Leben.

Aspekt
ist ein Gesichtspunkt, unter dem ein bestimmtes Problem verstanden wird.

Elisabeth Badinter
ist eine zeitgenössische französische Philosophin, die an der Ecole Polytechnique in Paris lehrt. Sie hat sich vor allem mit Fragen der Gleichberechtigung von Mann und Frau beschäftigt und dazu mehrere Bücher veröffentlicht. Eines ihrer bekanntesten Werke heißt „Ich bin Du“. Darin beschreibt Elisabeth Badinter, wie sich die Unterschiede zwischen Mädchen und Jungen im 20. Jahrhundert immer mehr verwischen.

Ermano Bencivenga (geb. 1950)
ist ein zeitgenössischer italienischer Philosoph, der hauptsächlich auf dem Gebiet der Logik arbeitet. Er unterzieht Alltagsfragen einer näheren Betrachtung und versucht, diese mit philosophischen Überlegungen zu verbinden. Seine Spiele mit der Philosophie fordern alle Menschen zum Mitspielen auf.

Bewusstsein
bedeutet in der Philosophie, dass sich ein Mensch als denkendes Subjekt begreift, welches sich mit Menschen, Dingen und Vorgängen in der Welt auseinandersetzt: „Ich denke, also bin ich“, formulierte der französische Philosoph René Descartes.

Bibel
umfasst das Alte und das Neue Testament. Sie wird von den christlichen Kirchen als Heiliges Buch angesehen, in dem sich Gottes Wort offenbart.

Bertolt Brecht (1898–1956)
war ein weltweit anerkannter deutscher Schriftsteller, Lyriker, Dramatiker und Theaterregisseur. Er gründete das Berliner Ensemble und leitete es bis zu seinem Tode. Zu seinen bekanntesten Werken zählen die „Dreigroschenoper“, „Mutter Courage und ihre Kinder“, „Das Leben des Galilei“ und „Der kaukasische Kreidekreis“.

Martin Buber (1878–1965)
war ein jüdischer Religionsphilosoph und Schriftsteller. Er studierte in Wien, Leipzig, Zürich und Berlin und lehrte Philosophie und Soziologie in Jerusalem. Buber setzte sich u. a. für die Aussöhnung zwischen Juden und Palästinensern ein. 1952 wurde er mit dem Friedenspreis des deutschen Buchhandels ausgezeichnet. Zu seinen wichtigsten Büchern gehört „Das dialogische Prinzip“. Dort legt er dar, nach welchen Regeln Menschen miteinander sprechen sollten.

Etienne Cabet (1788–1856)
war ein französischer Philosoph, der eine große Rolle in der französischen Arbeiterbewegung zu Beginn des 19. Jahrhunderts spielte. In seinem Roman „Die ikarische Republik“ spielen neben dem Gemeineigentum

auch Fragen der Bildung der jungen Generation eine zentrale Rolle. Jungen und Mädchen sollen gleichberechtigt miteinander lernen.

Tommaso Campanella (1568–1639)
war ein außergewöhnlich begabter italienischer Mönch, der im Dominikanerorden lebte. Er beschäftigte sich bereits im Alter von 16 Jahren mit philosophischen Studien und begann, die uneingeschränkte Autorität der Kirche zu kritisieren. Nach 25 Jahren grausamster Kerkerhaft und Inquisition gelang ihm die Flucht nach Frankreich.
Unter dem Einfluss der Werke von Platon („Der Staat") und Iambulos („Die Sonneninseln") schrieb er im Gefängnis sein Buch „Der Sonnenstaat". Campanella fordert darin Gemeineigentum und eine umfassende Bildung von Männern und Frauen sowie die Abschaffung der Ehe.

Cicero (106–43 v. Chr.)
war ein römischer Philosoph und Politiker. Zu seinen wichtigsten Schriften gehört das Werk „Vom Staatswesen", in dem er die Grundzüge eines gerechten Staates entwirft. Auf dem Gebiet der Ethik befasste er sich mit dem Begriff der Pflicht, den er in seinem Buch „Von den Pflichten" erläuterte.

Hillary Rodham Clinton
erlangte als Juristin und Bürgerrechtsaktivistin unabhängig von ihrem Mann, dem Präsidenten William (Bill) Clinton (1993–2000), in den USA eine große Bedeutung. Sie setzt sich für die gesellschaftliche und vor allem berufliche Gleichberechtigung zwischen Männern und Frauen ein und kämpft gegen Rassendiskriminierung. Zu ihren in Deutschland erschienenen Büchern gehört u. a. „Eine Welt für Kinder".

Denken
ist ein Prozess, in dem der Mensch Informationen und Erfahrungen verarbeitet (in Beziehung setzt, verallgemeinert, kombiniert). Denken ermöglicht durch gedankliche Vorwegnahme gezieltes und planvolles Handeln. Man unterscheidet vorsprachliches, anschaulich-bildhaftes und abstraktes (symbolisches) Denken.

empirisch
nennt man Ergebnisse und Daten, die aus Beobachtung, Messung und Experiment gewonnen werden.

René Descartes (1596–1650)
war ein französischer Philosoph und Mathematiker. Er untersuchte vor allem die Frage, wie man im Denken Gewissheit erlangen kann. Sein wichtigstes Werk heißt „Meditationen".

Denis Diderot (1713–1784)
war ein französischer Schriftsteller und Philosoph. Als Sohn eines Messerschmieds und als Autodidakt wurde er zu einem bedeutenden Vertreter der Aufklärung, jener politisch-philosophischen Richtung, die die Menschen zum vernunftgeleiteten Nachdenken erziehen wollte. Diderot verfocht das Konzept einer universellen Bildung und war Mitherausgeber der „Enzyklopädie".

Evolution
ist vom dem lateinischen Verb *evolvere* (dt. entwickeln) abgeleitet. Die Evolution beschreibt den Entwicklungsprozess biologischen Lebens als Entstehen von Arten von Lebewesen aus anderen Arten nach den Gesetzen der natürlichen Auslese, der auch als „Kampf ums Dasein" bezeichnet wird.

Gedankenexperimente
beinhalten Spiele mit Gedanken, die zu neuen Gedankenwelten kombiniert werden.
Was dabei geschieht, lässt sich durch folgende Formulierungen ausdrücken: Wir stellen wir uns vor, dass ...; wir tun so, als ob ...; wir fragen uns, was wäre, wenn ...

Gewissen
nennt man die „innere Stimme" des Menschen, die ihn Gut und Böse unterscheiden lässt. Es umfasst das für den Einzelnen verbindliche innere System von Werten.

Ghetto
kommt aus dem Italienischen und war ursprünglich der Name einer Insel in Venedig, die 1516 der jüdischen Gemeinde als einziges behördlich genehmigtes Wohnviertel diente. Seitdem gilt diese Bezeichnung für räumlich beschränkte und von den Behörden zu genehmigende Wohnviertel für gesellschaftlich diskriminierte Minderheiten wie z. B. die Juden.

Grundgesetz
ist die Verfassung der Bundesrepublik Deutschland, die am 23. Mai 1949 beschlossen wurde.

Peter Handke (geb. 1942)
ist ein österreichischer Schriftsteller, Drehbuchautor und Regisseur. Unter dem Einfluss von Ideen des Philosophen Ludwig Wittgensteins kritisiert er Sprachschablonen und versucht durch Sprachexperimente, die Wirklichkeit auf neue Weise zu begreifen.

Hinduismus
ist eine vor allem in Indien weit verbreitete Glaubens- und Lebensform, die die Lehre vom Karma und von der Wiedergeburt umfasst. Alle Wesen (auch die Götter)

durchwandern je nach ihren guten oder bösen Taten als Gott, Mensch, Tier oder in der Hölle in einem ewigen Kreislauf die Welt. Ziel der Erlösung, die man durch Askese, Yoga, Gottesliebe und verschiedene magische Praktiken erreichen kann, ist es, der endlosen Kette der Wiedergeburten zu entkommen.
Der Hinduismus kennt zahlreiche lokal und regional unterschiedene Gottheiten, wobei Brahma (der Schöpfer der Welt), Vishu (der Erhalter der Welt) und Shiva (der Zerstörer der Welt) gesamtindische Geltung besitzen.

Thomas Hobbes (1568–1679)
war ein englischer Philosoph, der sich vor allem mit politischer Philosophie befasste. In seinem berühmten Werk „Leviathan" legt er seine Auffassung von einem gerechten Staat dar. Darin geht er davon aus, dass der Mensch dem Menschen von Natur aus ein Wolf ist und daher von einem starken Herrscher geleitet werden muss. Zu diesem Zweck schließen die Menschen einen Vertrag mit dem Herrscher, durch den sie ihm die Macht garantieren.

Holocaust
heißt Brandopfer und ist die Bezeichnung für den Massenmord an den Juden unter der Herrschaft des Nationalsozialismus.

Aldous Huxley (1894–1963)
war ein englischer Schriftsteller, der als Dozent an der Universität Oxford lehrte. In seinem Roman „Schöne neue Welt" (1932) beschreibt er die vollständige Technisierung aller biologischen und gesellschaftlichen Funktionen des Menschen. Er stellt auch erstmals die Idee des Klonens von Menschen in speziell dafür geschaffenen Genlabors dar.

Iambulos
war ein griechischer Philosoph, der etwa im 3. Jh. v. Chr. lebte und vor allem Reisebeschreibungen verfasste. Sein berühmtestes Werk sind „Die Sonneninseln". Er schildert darin einen utopischen Staat, in dem es neben dem Gemeineigentum eine allgemeine Arbeitspflicht für Männer und Frauen und im Gegensatz zur antiken Tradition keine Sklaven gibt.

ideologisch, Ideologie
nennt man Denkweisen und Wertvorstellungen von Menschen oder Gesellschaftsschichten, die sich aus deren speziellen Interessen ergeben, die gegenüber den Interessen anderer Menschen und Schichten mit allen Mitteln durchgesetzt werden sollen. Oftmals geschieht dies ohne begründete Inhalte, durch Manipulation oder Täuschung und ohne Selbstkritik in Bezug auf die eigenen Standpunkte. Ideologie wird deshalb im alltäglichen Sprachgebrauch als unkritische Weltanschauung bezeichnet.

Islam
ist die jüngste der großen Weltreligionen, die sich zu Allah als alleinigen Gott bekennt. Er geht auf den Propheten Mohammed (569–632 n. Chr.) zurück, dessen Verkündigung im Koran niedergelegt ist. Die Anhänger des Islam heißen Muslime. Ihnen sind „fünf Grundpfeiler" verpflichtend auferlegt: das Glaubensbekenntnis zu Allah, das tägliche Gebet (fünfmal am Tag), die Armensteuer, das Fasten im Monat Ramadan und die Wallfahrt nach Mekka (sofern der Muslim dazu gesundheitlich und wirtschaftlich in der Lage ist).

Ernst Jandl (geb. 1925)
ist Gymnasiallehrer in Wien und schreibt Gedichte und Hörspiele. Seine „Frankfurter Vorlesungen" (1984) wurden verfilmt.

Judentum
ist eine religiöse und ethnische Gemeinschaft, die nach ihrem Selbstverständnis den biblischen Patriarchen Abraham als ihren Stammvater betrachtet.
Die Juden bekennen sich zu Jahwe als den einen Gott, dem der Mensch ohne Mittler gegenübersteht und dessen Wille in der Thora niedergelegt worden ist.

Jugendweihe
ist eine nichtreligiöse oder freigeistige Weihehandlung anstelle der Konfirmation, mit der Kinder den Schritt in die Welt der Erwachsenen vollziehen.

Konstantin Kolenda (1912–1988)
war ein amerikanischer Philosoph, der an der Rice University in Texas lehrte. Er veröffentlichte vor allem auf dem Gebiet der Ethik verschiedene Bücher, speziell auch für Jugendliche. In deutscher Übersetzung erschien bisher sein Werk „Ethik für die Jugend".

Konklusion
meint die Schlussfolgerung, die wir am Ende einer Argumentation ziehen.

Matthew Lipman
ist der Initiator des Philosophierens mit Kindern. Er war bis 1978 Professor für Logik und Ästhetik an der Columbia-Universität in New York. 1974 gründete er ein eigenes Institut, in dem er u. a. Philosophiebücher für Kinder und Jugendliche herausgibt. In Deutschland erschienen seine Werke „Harry Stottlemeiers Entdeckung" und „Pixie".

Logisch
bedeutet umgangssprachlich einleuchtend oder offenkundig. In der Logik als philosophische Disziplin ist damit ein Denken gemeint, durch das Aussagen nach den Schlussregeln widerspruchslos verknüpft werden.

Logische Form
umfasst die Struktur eines Satzes, die durch seine logischen Ausdrücke („nicht", „und", „oder", „wenn, dann") bestimmt wird.

Konrad Lorenz (1903–1989)
war ein österreichischer Verhaltensforscher. Er ging davon aus, dass die Natur des Menschen von verschiedenen Trieben, vor allem vom Aggressionstrieb, geprägt wird.

Robert Mawson (geb. 1956)
arbeitet als Journalist, Werbetexter und Pilot. Er lebt in Suffolk/England und in Frankreich.

Messias
stammt aus dem Hebräischen und heißt Gesalbter. Es ist die Bezeichnung für einen von Gott gesandten Erlöser der Menschen. Nach Auffassung der Christen ist der Messias in Gestalt von Jesus Christus bereits erschienen. Die Juden dagegen erwarten ihn erst am Ende der Zeiten, an dem er das Reich Gottes auf Erden errichten wird.

Modell bilden
bedeutet, nach geeigneten Beispielen zu suchen und mit Hilfe dieser Beispiele die Gültigkeit von Aussagen einer bestimmten Struktur deutlich zu machen.

Heiner Müller (1929–1995)
war ein deutscher Schriftsteller, Dramatiker, Intendant und Theaterregisseur. Er wirkte u. a. am Maxim-Gorki-Theater (Berlin) und am Berliner Ensemble.

Nazis
ist die Kurzform für die Anhänger des Nationalsozialismus in Deutschland, unter dem man eine nach dem Ersten Weltkrieg entstandene radikal völkisch-nationalistische, extrem chauvinistische und rassistische Bewegung sowie die darauf basierende diktatorische Herrschaft versteht. Sie ist verantwortlich für den Zweiten Weltkrieg und den damit einhergehenden Völkermord, insbesondere an den Juden.

Christine Nöstlinger (geb. 1936)
zählt zu den bekanntesten österreichischen Schriftstellerinnen. Sie verfasste zahlreiche Jugendbücher und erhielt 1973 den Deutschen Jugendbuchpreis und 1974 den Österreichischen Staatspreis für Literatur.

Robert Nozick (1938)
lehrt Philosophie an der Harvard-Universität in Boston. Er beschäftigt sich hauptsächlich mit politischer Philosophie und wurde in Deutschland durch sein Buch „Anarchie, Staat, Utopie" bekannt.

Ovid (43 v. Chr.–18 n. Chr.)
war ein bekannter römischer Dichter. Er schriebt u. a. die Werke „Metamorphosen" (Verwandlungen) und „Liebeskunst".

Papua-Stamm
ist eine Volksgruppe auf Papua Neuguinea in der Südsee. P. N. gehört laut Verfassung seit 1975 zum englischen Commonwealth und ist eine konstitutionelle Monarchie. Die englische Königin ist das Staatsoberhaupt. Neben dem englischen Gesetz gelten in P. N. auch das Stammesrecht und die Stammesgebote.

Annemarie Pieper (geb. 1941)
ist Philosophin und seit 1981 Professorin an der Universität Basel. Sie beschäftigt sich vor allem mit ethischen Problemen. Eines ihrer bekanntesten Werke heißt „Selberdenken – Anstiftung zum Philosophieren".

Platon (428–348 v. Chr.)
gehört zu den berühmtesten griechischen Philosophen. Er gründete in Athen eine Philosophenschule, die Platonische Akademie. Platons Hauptwerk heißt „Der Staat". Darin legt er dar, was er unter einem gerechten Staat versteht. An der Spitze dieses Staates sollte ein Philosoph stehen, der in einem langen Weg der Erkenntnis die notwendige Qualifikation für das Staatsamt erwerben muss. Die übrigen Mitglieder des Staates verfügen über keinerlei Privateigentum und leben in einer ehelosen Gemeinschaft.

Prämissen
sind Annahmen, von denen wir beim Argumentieren ausgehen.

Quadrat der Gegensätze
bedeutet, dass Sätze der Form „Alle M sind S" oder „Einige M sind S" miteinander verglichen und gegenübergestellt werden.

Ronald Reed (1946–1998)
war ein amerikanischer Philosoph und Pädagoge, der am Wesleyan College in Fort Worth unterrichtete. Er veröffentlichte über 50 Bücher und Beiträge zum Philosophieren mit Kindern. In deutscher Sprache erschienen von ihm das Kinderbuch „Rebeccas Gedanken" und das Buch für Erwachsene „Kinder möchten mit uns sprechen".